Diogenes Taschenbuch 24603

Durchtanzte Nächte

Auf dem Parkett mit David Nicholls,
Henning Mankell, Zelda Fitzgerald,
Eve Harris und vielen mehr

Ausgewählt von
Christine Stemmermann

Diogenes

Mitarbeit: Lena Thomma
Nachweis am Schluss des Bandes
Covermotiv: Illustration von Bronwyn Payne / Always Brainstorming
Copyright © Bronwyn Payne

Originalausgabe
Alle Rechte an dieser Ausgabe vorbehalten
Copyright © 2022
Diogenes Verlag AG Zürich
www.diogenes.ch
60/22/36/1
ISBN 978 3 257 24603 2

Inhalt

Joachim B. Schmidt
Das Yoko-Ono-Lächeln 9

Tony Parsons
Als wir unsterblich waren 25

Samson Kambalu
Jive Talker 30

Catherine Mansfield
Ihr erster Ball 35

Eve Harris
Die Hochzeit der Chani Kaufman 46

Zadie Smith
Der Kankurang 64

Zelda Fitzgerald
Ballettkarriere 70

Melvin Burgess
Billy Elliot 93

Anna Stothard
Fußball statt Ballett 109

Jane Austen
Mister Crawford   113

T. C. Boyle
Mein Abend mit Jane Austen   121

David Nicholls
Sweet Sorrow   130

Ulrike Herwig
Langsam tanzen, 1985   151

Henning Mankell
Die Rückkehr des Tanzlehrers   157

Sebastian Barry
Tage ohne Ende   165

Dorothy Parker
Der Walzer   174

Lew Tolstoi
Das Samtband   182

Raymond Chandler
Playback   195

Gustave Flaubert
Ihr Tänzer   202

Alice Munro
Rotes Kleid – 1946   216

Maja Peter
Nochmal tanzen   235

Tino Hanekamp
Sie tanzt, sie tanzt   240

Moby
Porcelain   246

Nachweis   252

JOACHIM B. SCHMIDT

Das Yoko-Ono-Lächeln

Die Schneeflocken tanzten im Lichtkegel der Straßenlaterne, gelegentliche Windstöße bliesen sie seitlich ins Dunkel, für Nachschub war gesorgt. Dabei war es erst Oktober. Halldór zog den Kopf ein und klappte den Kragen des Blazers hoch. »Verfluchte Kälte«, murmelte er.

Es waren nur wenige Leute auf der schmucken Einkaufsstraße Reykjavíks unterwegs, deren Nachtleben erst gegen Mitternacht erwachen würde. Halldór war früh dran, obwohl er wusste, dass sein Kumpel Óli wie immer verspätet und letztendlich unerwartet auftauchen würde. Aber es war ihm egal. Er brauchte einen Drink, einen möglichst starken. Die drei Biere, die er zum Abendessen getrunken hatte, hatten auf dem Marsch in die Innenstadt prompt ihre Wirkung verloren.

2007 war für die meisten Inselbewohner ein Boom-Jahr schlechthin. Reykjavík war eine einzige Baustelle, unten am Hafen wurde ein überdimensioniertes Opernhaus gebaut, an der Sæbraut-Promenade säumte eine ganze Hochhäuserfront, ausgestattet mit unfertigen Luxuswohnungen, die Skyline, im kleinen Finanzdistrikt griff ein nigelnagelneuer Glasturm nach den Sternen. Es wurden teure Autos importiert, die Banken warfen mit Krediten um sich, und die Ökonomen lobten das Wachstum.

Für Halldór war das Jahr ein einziger Albtraum gewesen. Auch seine zweite Frau hatte sich von ihm scheiden lassen; eine langwierige, teure Angelegenheit, von den Alimenten ganz zu schweigen. Sein Versuch, eine Finanzberatungsfirma auf die Beine zu stellen, war gescheitert, das Geld war plötzlich knapp geworden, er würde seinen fünfundfünfzigsten Geburtstag nicht so feiern können, wie er es sich immer vorgestellt hatte; mit ganz vielen Freunden auf einem Boot mit einer Band und ausreichend Alkohol. Kurzum, Halldór hatte guten Grund, abends seine alten Platten aufzulegen, Beatles, Bob Dylan, Fleetwood Mac, sich an den Küchentisch zu setzen, Zigaretten zu rauchen und ein paar Biere zu kippen. Diese kleinen Freuden konnte ihm niemand wegnehmen.

Der Türsteher des Boston nickte ihm zu und öffnete die Tür. Halldór erklomm die enge Treppe und betrat das Lokal, das sich im Obergeschoss eines mit Wellblech verkleideten Holzhauses befand, dem es aber trotzdem gelang, glamourös und irgendwie ausgeflippt zu wirken. Die Lichterketten, die Spiegel, die antiken Möbel; es war ein schicker Club für Leute über vierzig, die sich wie Dreißigjährige benahmen. Halldór klopfte ein paar Schneeflocken von den Schultern, schüttelte die Kälte ab und schaute sich um. Es waren doch schon einige Leute da, fast alle Tische waren besetzt, aber es war nichts im Vergleich zu dem, wie es hier in ein, zwei Stunden zu- und hergehen würde. Sein Blick blieb an der Bar hängen.

»Was zum …«

Auf einem Barhocker saß eine kleine Frau, ganz in Schwarz gekleidet, schwarze Lederjacke, schwarze Leggins, schwarzer Panama-Hut, schwarze, überdimensionierte Sonnenbrille. Goldener, üppiger Armschmuck. Halldór war ihr noch nie persönlich begegnet, hatte sie noch nie in Fleisch und Blut gesehen, wusste aber sofort, wer sie war. Schließlich war in den Medien von ihr die Rede gewesen; dass sie sich momentan auf der Insel befinde, um an der Vernissage ihrer neuen Kunstinstallation persönlich anwesend zu sein. Es war eine gewaltige Sache, dieser Imagine Peace Tower, draußen auf der kleinen Insel Viðey, die im Kollafjord einige hundert Meter vor der Hauptstadt lag. Dieser Leuchtturm, eine Lichtsäule vielmehr, sollte heute Nacht an John Lennons Geburtstag angeknipst werden. Trotzdem hätte Halldór nie damit gerechnet, Yoko Ono, dieser lebenden Legende, im Boston zu begegnen.

»You are Yoko Ono!«, stellte er lauthals fest, als er sich neben sie auf den freien Barhocker setzte.

Sie zuckte ein wenig zusammen und senkte den Blick, machte sich noch kleiner, als sie sowieso schon war. Halldór verfluchte sein rüpelhaftes Auftreten, doch zu seiner Erleichterung bemerkte er, wie sich ein Lächeln um Yoko Onos Lippen kräuselte. Also verfolgte er mutig seine Strategie.

»Du bist es wirklich!«

»Maybe«, sagte sie. »Aber wir müssen es doch nicht gleich allen erzählen!«

Halldór hielt sich den Zeigefinger vor die Lippen und grinste verschwörerisch. Dann winkte er Sigga, die wie jeden Samstagabend hinter der Bar stand, zu sich.

»Gib der netten Dame noch so einen Drink, was auch immer das ist, und schenk mir auch gleich einen ein!«

»Einen Screwdriver?«, fragte Sigga erstaunt.

Halldór schluckte leer.

»Also für die Dame schon! Für mich einen doppelten Gin und Tonic, *takk*.«

»Bombay?«

»Beefeater. Und bitte ohne Gemüse.«

Halldór wandte sich wieder Yoko Ono zu, die in ihren Gedanken versunken dasaß und ihren halbleeren Screwdriver in den Händen drehte.

»Was bringt dich nach Boston?«

Yoko Ono schaute ihn an.

»Boston?«

»Dieses Lokal meine ich, Boston eben!«

»Ach so, ja klar!« Yoko Ono lachte. »Ich habe mich verabredet, aber ich bin zu früh.«

»Dasselbe bei mir. Hast du dich etwa auch mit Óli verabredet?« Halldór zwinkerte ihr zu, damit es keinen Zweifel darüber gab, dass er einen Witz gemacht hatte.

»You're a funny guy!«, sagte Yoko Ono.

»Meine Ex sieht das anders«, brummte Halldór, grinste, nahm die zwei Drinks, die Sigga gemischt hatte, entgegen und zückte seine Kreditkarte. »It's on me!«

Sie prosteten sich zu und tranken.

»Ich warte auf Ringo Starr«, sagte Yoko Ono.

Halldór verschluckte sich und hustete unterdrückt, klopfte sich die Faust auf die Brust und bekam einen roten Kopf.

»Ringo Starr?«, keuchte er. »Ringo kommt ins Boston?«

Yoko Ono presste die Lippen zusammen. Halldór fasste sich.

»Ich liebe die Beatles! Schon immer!«

Yoko Ono schob sich ihre Sonnenbrille auf die Nase.

»Alle lieben die Beatles.«

»Ist Ringo wegen dir nach Island gekommen, wegen deinem Kunstwerk? Und Paul?«

»Paul ist leider verhindert.«

»Wow.« Halldór wurde plötzlich nachdenklich. »All die Jahre. All die Musik, die vielen Stunden. Und plötzlich lerne ich *dich* kennen. Und bald kommt Ringo. Ich kann's kaum fassen.«

»That's life«, meinte Yoko Ono nur.

Sie hatte einen ziemlichen Durst, setzte ihr Glas immer wieder an die Lippen, als müsste sie bald los. Halldór gab sich Mühe, Schritt zu halten.

»Weißt du«, sagte er, »da uns das Schicksal so zufällig zusammengebracht hat, sollte ich dir wohl etwas gestehen.«

»Nämlich?«

»Ich habe dir nie verziehen, dass du John den Beatles weggenommen hast.«

»Ach, du bist auch so einer!«

Halldór schüttelte vehement den Kopf.

»Nein, nein, ganz und gar nicht! Obwohl, ich dachte immer, du wärst eine Hexe. Dabei bist du total nett! Wirklich!«

»Hm«, machte Yoko Ono und trank.

»Versteh mich nicht falsch! Ich habe auch meine Vorurteile, wie jeder andere. So sind wir nun mal. Urteilen über Leute, die wir gar nicht kennen.«

»Muss ich mich etwa bei dir bedanken?«

»Quatsch, nein! Ich muss mich bei dir entschuldigen!

Du hast diesen Hass der Leute sicher oft zu spüren bekommen …«

»Wem sagst du das! Ich wurde nun während fast vierzig Jahren für den Beatles-Break-up verantwortlich gemacht. Das ist wie konstante Messerstiche.«

»Wahnsinn. Tut mir leid.«

»Es braucht dir nicht leidzutun. Diese Messerstiche sind eigentlich, nun ja, wie soll ich sagen, eine Art Akupunktur, verstehst du?«

»Akupunktur?«

»Die chinesische Heilmethode.«

»Ich weiß, was Akupunktur ist«, wehrte sich Halldór. »Aber wie vergleichst du Messerstiche mit Heilnadeln?«

»Diese negative Energie, sie ist trotz allem Energie, und ich habe sie in positive Energie umgewandelt, ganz simpel.«

Yoko Ono lächelte ihn verschmitzt an. Oder war es gar kein Lächeln, sondern ein Abwarten?

»Aber, wenn ich dich fragen darf, hattest du denn nicht, wenn auch nur im entfernten Sinne, mit dem Beatles-Break-up zu tun?« Yoko Ono seufzte müde. »Ich meine, seitdem du mit John zusammen warst, ging doch alles bergab. Wegen dir hat sich John nicht mehr für die Beatles interessiert.«

»Du denkst also, dass meine alleinige Existenz dazu geführt hat? Findest du, ich hätte besser nicht existieren sollen? Willst du mir seinen Tod auch noch in die Schuhe schieben?«

»Aber nein, ganz und gar nicht!« Halldór trank sein Glas leer und gab Sigga mit winkender Kreditkarte zu verstehen, dass sie Nachschub liefern solle. »Ich frag ja nur.«

»Du magst doch John Lennon, oder nicht?«, fragte ihn Yoko Ono. »Denkst du, er hatte einen eigenen Willen?«

»Ich weiß genau, worauf du hinauswillst. Natürlich hatte er das. Aber du hast ihm eine neue Welt gezeigt, auf die er sonst gar nicht gekommen wäre.«

»Die Kunstszene?«

Halldór nickte heftig. »Ja, dieser abstrakte Quatsch und dieser Lifestyle. John war doch im Grunde ein Musiker und Poet, kein Arty-farty-Bohémien-Langschalträger.«

Yoko Ono kicherte, nahm ihr neues Getränk entgegen und gönnte sich einen kräftigen Schluck.

»John war so vieles mehr.« Sie stellte das Glas ab. »Und er hat sich schon immer für Kunst interessiert. Sonst hätte er mich ja gar nicht kennengelernt, damals in der Galerie in London.«

»Aber hat er denn nicht selber in einem Interview gesagt, dass du ihm geholfen hättest, sich von den Beatles zu trennen?«

»Sie haben sich auseinandergelebt, das kennst du doch auch!«

»Ja, aber …«

»Versetze dich mal in diese Situation. Wenn dich deine Frau wegen einem anderen Mann verlässt, wer trägt dann die Schuld? Der andere Mann? Deine Frau? Du selber?«

Halldór nickte langsam.

»Na ja …«

»Antworte!«

»Wahrscheinlich alle ein bisschen.«

»Richtig!«

Er fand, dass Yoko Ono ein ganz bezauberndes Lächeln

hatte. Er wünschte sich plötzlich, dass sie ihre Sonnenbrille ablegen würde, damit er endlich ihre Augen sehen konnte. Sie legte ihre Hand auf seinen Unterarm.

»Du liebst ihn doch, den großartigen John Lennon, nicht wahr?«

Halldór nickte verlegen. »Nun ja, seine Musik …«

»Ich auch. Ich wollte, dass John glücklich war, verstehst du?«

Halldór fühlte sich wie ein kleiner Bub, dem die Welt erklärt wird. Plötzlich fragte er sich, wie alt Yoko Ono eigentlich war. War sie nicht bedeutend älter als John Lennon? Und war heute nicht Lennons 67. Geburtstag?

»Du hast dich doch von ihm scheiden lassen wollen, damals, stimmts?« Halldór fand zurück zur Rolle des Verhörers. »Hattest du nicht eine Affäre?«

Yoko Ono nahm ihre Hand von seinem Arm.

»Jeder hat mal eine Ehekrise«, sagte sie. »Wir hatten beide Beziehungen, aber es waren keine Affären. Was für ein schreckliches Wort. Es waren intime Freundschaften!«

»Und John wollte das?«

Yoko Ono zuckte mit den Schultern und sank dabei ein wenig in sich zusammen.

»John wollte so vieles. Vielleicht war er nicht immer glücklich mit mir. Aber er war auch kein glücklicher Beatle, das hast du doch auch gesehen. Wir werden alle älter. Wir verändern uns. Das ist doch ganz natürlich. Oder bist du noch immer derselbe Typ, der du vor dreißig Jahren warst?«

Halldór schüttelte gedankenverloren den Kopf und fragte sich, ob der Moment passend wäre, Yoko Ono nach ihrem Alter zu fragen, aber er biss sich auf die Lippen.

Yoko Ono trank ihr Glas leer, sagte: »Entschuldige mich«, und begab sich zu den Toiletten.

Halldór atmete gepresst aus und schüttelte unmerklich den Kopf.

»Alles in Ordnung?«, fragte Sigga und grinste ihn an.

»Ist das zu glauben?«, fragte er zurück, aber Sigga lachte nur.

Yoko Ono kam zurück, spazierte fast unbemerkt durch den Raum, einem außerirdischen Wesen gleich, das die Kunst der Tarnung beherrscht. Sie fiel überhaupt nicht auf, da der Club inzwischen gut besucht war, auch von Frauen, die gerne die Aufmerksamkeit auf sich zogen; sie glitzerten, sie lachten, sie verteilten Küsse.

»Kommt dein Date nicht?«, fragte Yoko Ono, als sie sich wieder neben Halldór auf den Barhocker setzte.

»Óli kommt immer zu spät. Aber was ist mit Ringo? Hast du nicht gesagt, dass du auf ihn wartest?«

»Ringo …« Yoko Ono winkte ab und wirkte plötzlich deprimiert. Sie schaute sich nach Sigga um und hielt zwei Finger in die Höhe. Halldór bezahlte auch diese Runde.

»Können wir über etwas anderes reden?«, brach Yoko Ono das Schweigen.

»Gerne!«, lachte Halldór. »How do you like Iceland?«

Yoko Ono lächelte ihr unergründliches Lächeln und prostete ihm zu.

»Das friedlichste Land der Welt«, sagte sie.

»Peace!«, sagte Halldór und war ziemlich zufrieden über seinen passenden Trinkspruch.

Yoko Ono musterte ihn.

»Wie heißt du eigentlich?«

»Halldór. Trägst du immer eine Sonnenbrille?«

»Immer.« Wieder zuckte ihr Mund. »Willst du tanzen?«

Halldór verschluckte sich fast und warf einen Blick auf die Tanzfläche. Zwar stand DJ Sóley schon am Mischpult, aber noch war die kleine Tanzfläche leer.

»Jetzt?«

»Natürlich jetzt!« Sie nahm ihn bei der Hand und zog ihn auf die Tanzfläche, Halldór, stolpernd, hinterher.

»Warte!«, rief er und eilte zurück zur Bar, griff nach seinem Getränk und trank es auf Ex.

Inzwischen hatte Yoko Ono die Hände über den Kopf gehoben und bewegte den ganzen Körper im Takt der Musik. Sie erinnerte Halldór an eine Bauchtänzerin. Er gesellte sich lässig zu ihr, nickte DJ Sóley zu, als würden sie sich kennen, und schnippte mit den Fingern. Yoko Ono wedelte mit den Armen und warf ihren Kopf hin und her. Ihr Hut war wie aufgeleimt. Aus den Lautsprechern pulsierte ein isländischer Popsong, und Halldór war froh, neuen Gesprächsstoff gefunden zu haben, denn ihm war nicht entgangen, dass sie beobachtet wurden. Wer ihn kannte, wusste, dass er gewöhnlich nicht auf der Tanzfläche anzutreffen war. Also beugte er sich zu Yoko Ono und rief: »Das ist ein isländischer Popsong von Páll Óskar!«

»Was?«

»Der Song. Isländisch. Von Páll Óskar!«

Yoko Ono nahm es wortlos zur Kenntnis. Sie bewegte ihre Hände immer weiter runter Richtung Boden, bückte sich gar, als würde sie einem imaginären Hund das Fell zerzausen, dann kamen die Hände wieder nach oben, und immer weiter in die Höhe, tanzten jetzt vor Halldórs rotem

Gesicht, als wollten sie ihn hypnotisieren. Mittlerweile waren sie nicht mehr alleine auf der Tanzfläche. Ein halbes Dutzend Leute hatten sich zu ihnen gesellt, hauptsächlich Frauen, und Halldór fühlte sich plötzlich wie ein Hahn im Korb. Er wurde etwas ausgelassener, machte ein paar gewagte Tanzschritte und klatschte manchmal die Hände zusammen. Als DJ Sóley den nächsten Song durch den Raum wummern ließ, legte Yoko Ono ihren Arm um Halldórs Hals und zog ihn zu sich runter.

»With every heartbeat!«

»Was?«

»Der Song! Von Robyn. Eine Schwedin. Kennst du nicht? Sie ist wunderbar!«

»Ja, toller Song!«

Halldór machte das Daumen-hoch-Zeichen. Robyns Stimme verzauberte ihn. Er schloss die Augen und bewegte den Kopf hin und her, bis ihm fast schwindlig wurde.

And – it – hurts – with – every – heartbeat.

Ihm kam es vor, als machte der Popsong einen besseren Tänzer aus ihm. Wie Zauberei! Der Rhythmus, die Synthesizer; sie schlichen sich in seine Muskeln und übernahmen die Führung. Zudem fühlte er sich so, als treffe das Lied einen Nerv, als beschreibe Robyn ganz präzise seinen inneren Gemützustand, den er an der Bar runterzuspülen versucht hatte. Er öffnete die Augen und realisierte, dass es Yoko Ono genauso zu ergehen schien. Sie tanzte ausgelassen, hob fast ab, drehte sich im Kreis – und stand plötzlich still. Sie warf einen Blick auf ihre Uhr und packte Halldór am Handgelenk.

»Wir müssen gehen!«, rief sie.

»Jetzt? Aber wieso denn?«

»Frag nicht immer. Komm einfach!« Sie zog ihn von der Tanzfläche und durch den Raum Richtung Ausgang. Auf der Treppe begegneten sie Óli.

»Halldór? Hast du's eilig?«

»Óli? Wo warst du denn so lange!«

»Ich … Warte jetzt mal, ist das …«

»Keine Zeit, wir sehen uns nachher. Bleib hier und warte auf Ringo Starr!«

Óli schaute den beiden hinterher und machte so ein Gesicht, das man eben macht, wenn einem gesagt wird, dass man auf Ringo Starr warten solle.

Als sie ins Freie stolperten, musste Halldór lachen.

»Jetzt bleib mal stehen, wo willst du denn hin?«

Yoko Ono drehte sich nach ihm um.

»Siehst du denn nicht? Es hat geschneit!«

Halldór hatte den Schnee natürlich längst bemerkt, aber er löste kein Entzücken in ihm aus.

Yoko Ono blickte in den schwarzen Himmel.

»Gibt es Nordlichter?«

Auch Halldór guckte nach oben.

»Zu viel Lichtverschmutzung«, sagte er.

»Spielverderber!«

Yoko Ono trat keck in die Straße und hob ihre Hand, um ein Taxi, das im Schritttempo an ihnen vorbeifuhr, aufzuhalten.

»Wo willst du denn hin, verdammt noch mal!«

»Wir müssen auf eine Anhöhe.«

»Dann können wir doch ganz einfach zur Hallgrímskirkja hoch. Aber dazu brauchen wir kein Taxi.«

»Nein, höher!«

Der Taxifahrer hatte mitgehört: »I can drive you to the Pearl«, schlug er vor.

Halldór seufzte, musste aber zugeben, dass die Idee keine schlechte war. Er setzte sich hinten ins Auto, Yoko Ono saß vorne neben dem Fahrer.

»Bist du die Witwe von John Lennon?«, fragte der Taxifahrer nach einer Weile, aber Yoko Ono entgegnete nichts.

Halldór kam ihr zu Hilfe:

»Du solltest Promis nicht mit unnötigen Fragen belästigen.«

»Man darf doch fragen!«, entgegnete der Taxifahrer beleidigt.

»Ich find's ungehobelt.«

Als sie bei den fünf mit einer verglasten Kuppel überdachten Heißwassertanks ankamen, die über der Stadt thronten wie die Krone auf dem Scheitel eines Riesen, hüpfte Yoko Ono flink aus dem Auto.

Halldór beugte sich nach vorne zum Taxifahrer: »Kannst du einen Moment warten?«

»Nordlichter!«, rief Yoko Ono.

Tatsächlich. Über der Bucht schwebte ein ganz schwacher, grünlicher Streifen. Indes reflektierte der Schnee das Licht des Mondes, die nächtliche Landschaft leuchtete.

»Normalerweise ist das Nordlicht viel stärker, du müsstest es mal sehen, wenn es tanzt. Das hier ist noch gar nichts.«

»Du bist unmöglich!«, rief Yoko Ono, bückte sich, formte einen Schneeball und warf ihn auf Halldór. Dann lief sie mit ausgebreiteten Armen über den verschneiten Parkplatz und machte Pirouetten wie eine bekiffte Balletttänzerin.

Halldór schüttelte den Kopf, seufzte und lief ihr resigniert hinterher. Die Schatten der riesigen Heißwassertanks verschluckten sie.

»Warte!«, rief Halldór.

Als er sie endlich einholte, lag sie im Schnee und schaute in den Sternenhimmel. Sie hatte die Sonnenbrille abgenommen und lächelte. Halldór fand, dass sie in diesem Mondschatten ein sehr schönes Gesicht hatte. Sie wirkte nahezu jugendlich. Er rieb sich über die Lippen. Sollte er sich hinknien und sie küssen? Sollte er Yoko Ono *küssen*?

»Steh nicht einfach bloß da, setz dich hin, die Show fängt gleich an.« Yoko Ono richtete sich etwas auf, der Schnee rieselte von ihrer Lederjacke, die Chance war verspielt.

Halldór gehorchte und setzte sich neben sie in den Schnee, sein Hintern wurde augenblicklich kalt.

»Schau … jetzt.«

Plötzlich schoss eine Lichtsäule in den Nachthimmel, nur ein paar wenige Kilometer von ihnen entfernt, ungefähr da, wo der Industriehafen lag.

»The Imagine Peace Tower«, flüsterte Halldór ehrfürchtig.

»Tadaa!«, sagte Yoko Ono. »Do you like it?«

Die Säule war so kräftig, dass es aussah, als strahlte sie ihr Licht bis weit ins Weltall hinaus.

»Wie weit leuchtet die Lampe?«, fragte Halldór staunend.

»Die Strahlung geht unendlich weit, aber sie wird schwächer, weil sie sich zerstreut.«

Halldór schaute sie stirnrunzelnd an.

»Sag mal, wieso bist du eigentlich hier oben, und nicht da unten? Müsstest du nicht, na ja, anwesend sein?«

Yoko Ono gab keine Antwort. Sie wirkte ein wenig betrübt, starrte nur unentwegt auf das Kunstwerk.

»Denkst du, er sieht es?«, fragte sie leise in die Nacht hinaus.

Halldór wurde verlegen. Meinte sie John Lennon? Trauerte sie noch immer um ihn? Ihm fiel nichts Besseres ein, als einen Vers aus einem Song zu rezitieren, ganz leise, es war lediglich ein Flüstern:

»Woman, hold me close to your heart. However distant, don't keep us apart. After all, it is written in the stars.«

Yoko Ono legte ihren Kopf auf seine Schulter.

»Danke«, sagte sie.

Der Taxifahrer hatte geduldig gewartet, während der Taxameter fleißig weitergetickt hatte. Schweigend fuhren sie zurück in die Stadt. Yoko Ono, die sich ihre Sonnenbrille wieder aufgesetzt hatte, lehnte Halldórs Vorschlag, zurück ins Boston zu gehen, ab. Sie sei erledigt und wolle sich jetzt schlafen legen. Der Taxifahrer solle Halldór vor dem Club absetzen und sie anschließend ins Hotel bringen. Die Fahrt bezahlen werde sie, Widerrede ließ sie keine zu.

Halldór stand etwas unentschlossen zwischen dem Taxi und dem Club, bückte sich, um die seltsame Frau ein letztes Mal zu bitten, ihn zu begleiten. Vielleicht sei Ringo inzwischen aufgetaucht, argumentierte er, aber Yoko Ono winkte müde ab.

»Good bye, Halldór.«

»Yoko, darf ich dich noch etwas fragen? Bist du, na ja, bist du Yoko?«

Sie seufzte.

»You decide«, sagte sie und lächelte müde.

Als Halldór dem Taxi hinterherschaute, das sich im Schritttempo einen Weg durch die Betrunkenen bahnte, die Arm in Arm über die verschneite Straße torkelten, stolperten, rutschten, junge Frauen, die trotz des Schnees in Stöckelschuhen und Miniröcken unterwegs waren, fragte er sich, ob er wirklich mit Yoko Ono den Abend verbracht oder lediglich halluziniert hatte. Zurück im Boston fühlte er sich nüchtern, aber fahrig. Óli lachte sich krumm.

»Die Kleine? Yoko Ono? War das überhaupt 'ne Asiatin?«

Halldór ging bald heim und legte sich schlafen. Als er aufwachte, musste er über sich schmunzeln.

»You decide«, murmelte er.

Fortan erzählte er bei jeder Gelegenheit, dass er Yoko Ono begegnet sei und sogar mit ihr getanzt habe. Es glaubte ihm niemand, noch heute nicht, fünfzehn Jahre später.

Halldór geht jetzt nicht mehr tanzen. Das Boston hat die Corona-Krise nicht überstanden, und Yoko Ono ist 88 Jahre alt. Nur der Imagine Peace Tower strahlt weiterhin sein Signal in die unendlichen Weiten des Universums, in der Hoffnung, dass es jemand sieht.

TONY PARSONS

Als wir unsterblich waren

Was war da nur mit diesem Gesicht?
Es war, als ob man ihr ganzes Leben darin sehen konnte. Eines Tages würde sie eine schöne alte Dame sein, und sie war sicher auch ein schönes Baby. Ihr Gesicht hatte etwas Erdenfernes – etwas Engelhaftes. Ihr Gesicht war beunruhigend symmetrisch, das Gesicht des schönsten Mädchens der Welt, als ob Gott alles ganz genau dahin gesetzt hatte, wo es auch hingehörte. Sie sah aus wie die verbesserte Version des Mädchens aus *Die letzte Vorstellung*. Das war's. Wie Gottes zweiter Versuch an Cybill Shepherd. Das blonde Haar mit den großen Locken, die Augen, die in deiner Seele lesen konnten. Und ein Mund, der zum Knutschen wie geschaffen war.

Alles ist so hübsch arrangiert, dachte Leon.

»Mein Vater mochte Elvis«, sagte sie laut genug, um Kool and the Gang zu übertönen. »Ich erinnere mich an die Zeit, als ich ein kleines Mädchen war, da habe ich ihn ab und zu gesehen – in Filmen, du weißt schon, an Sonntagnachmittagen. Und er schien nirgendwo anders als auf Hawaii oder in der Army zu sein.« Sie lächelte, und Leons Herz schmolz dahin. »Ich dachte immer, dass er ein Filmstar sei – wie Steve McQueen oder so. Clint Eastwood. So in der Art. Mir war nie klar, dass er *Sänger* ist.« Plötzlich waren ihre Augen voller Trauer, als wenn all diese Sonntage, an denen sie mit ihrem Dad Elvis-Filme gesehen hatte, für immer vorüber wären. »Ich meine natürlich, dass er ein Sänger *war*.«

Leon nickte begeistert und beugte sich zu ihr hin, damit sie ihn verstehen konnte. Sein Mund war nur ein paar Zentimeter von ihrem Gesicht entfernt.

»Wir haben ein gespaltenes Verhältnis zu der Musik, die unsere Eltern mögen«, sagte er. Sie dachte darüber nach, lächelte höflich, und in diesem Augenblick verfluchte sich Leon: Warum musste er immer versuchen, was Kluges zu sagen? Sie wird dich für einen besserwisserischen Wichser halten!

»Genau«, sagte sie. »Weil meine Mutter Frankie Vaughan mag, mochte ich Frankie Vaughan auch immer irgendwie.«

Damit war das Gespräch zu Ende, und Leon tat das Unmögliche: Er tanzte. Leon tanzte, und die Welt um ihn herum driftete weg. Er tanzte und vergaß den Auftritt von Leni and the Riefenstahls, über den er schreiben sollte, er vergaß seine *Red-Mist*-Hefte, die er irgendwo auf einem Tisch mit verschüttetem Alkohol vergessen hatte – und fast, aber nicht ganz, vergaß er die Dagenham Dogs, die hinter ihm herjagten. Hier würden sie ihn niemals finden. Im Goldmine war er sicher.

Und so vergaß Leon alles bis auf die Musik und das Tanzen und das schönste Mädchen der Welt.

Leon tanzte – was in seinem Fall eine leicht ruckartige Bewegung war, sein Kopf nickte gedankenversunken unter dem Filzhut, während er den Zeigefinger seiner rechten Hand hochreckte, als ob er was Wichtiges sagen wollte –

aber niemand war daran interessiert! Das war das Großartige am Goldmine. Keinen interessierte es, ob du cool warst oder das Richtige machtest oder ob Tanzen für dich nur eine andere Form von Atmen war! Das war es, was er an diesem Ort so schätzte – und er schätzte es sehr.

Es war ein etwas anderer Underground. Er konnte es sehen. Es gab die Tänzer und die harten Männer und die Pfauen, alle mit ihren eigenen Ritualen. Aber sie ließen auch für jemanden wie Leon ein kleines Plätzchen. Er konnte fühlen, dass hier auch Platz für einen nicht tanzenden Freak wie ihn war. Man musste nur das Selbstvertrauen haben und den einen großen Schritt wagen – auf die Tanzfläche. Für Leon war es, wie von einer Klippe zu springen. Auf einmal gab es kein Zurück mehr.

Tanzen, was Leon physisch immer genauso unmöglich erschien wie Fliegen, war im Goldmine ein ganz selbstverständlicher Teil des menschlichen Lebens. Er tanzte sich durch das bange, zerrissene Gefühl, das sich nach nur einer Linie Speed einstellt, er tanzte sich durch seinen Comedown, und er tanzte sich auf der anderen Seite wieder heraus.

Leon tanzte zu Platten, die er nie zuvor gehört hatte – diese wunderbare Musik! Voll fettem, markigem Funk und Streichern so leicht wie Gaze, und Stimmen, die in ihrer Verzückung einem himmlischen Chor glichen – Sänger, die richtig singen konnten, Stimmen, die in Kirchenchören und an Straßenecken geschult worden waren –, und er war vollkommen verzaubert vom Gesicht des Mädchens vor ihm. Sie verblüffte ihn. Sie paralysierte ihn. Allein die Gegenwart dieses Gesichts ließ ihn innehalten. Seine Zunge war vor Unsicherheit wie verknotet. Aber sie machte es ihm leicht.

In einer Tanzpause gingen sie an die Bar, um einen Screwdriver (er) und eine Bacardi-Cola (sie) zu trinken, und sie war so ungekünstelt und natürlich, dass seine Zunge, ebenso wie seine Füße, nicht ewig verknotet bleiben konnten.

»Autumn Gold betont die Knochen«, sagte sie, und es stellte sich heraus, dass sie wusste, wovon sie sprach, weil sie damit ihr Geld verdiente: Sie schnitt, drehte Locken und färbte Haare in einem Salon namens Flair Today. Sie lupfte sachte die Krempe seines Hutes, um den Effekt von Autumn Gold zu begutachten. Leon trat einen halben Schritt zurück.

»Ach, komm schon«, sagte sie und lächelte, so wie sie zuvor schon gelächelt hatte. Leon konnte nicht sagen, ob sie mit ihm flirtete oder einfach nur nett war. »Sei nicht so schüchtern.«

»Gut«, sagte Leon und grinste wie ein Gestörter.

Und dann – wie mühelos sie das anstellte – sah sich Leon dem schönsten Mädchen auf der ganzen Welt in ihren natürlichen Lebensraum folgen. Zurück auf die Tanzfläche.

Und die Zeit verflog nur so. Zeit war hier bedeutungslos. Licht traf auf die Kristallkugel, die sich langsam an der Decke drehte und farbige Strahlen zurückwarf auf das Gesicht, an das er sich noch auf seinem Sterbebett erinnern würde.

Sie tanzte mit diesem sanften Wiegen – mit kleinen Schritten auf ihren hohen Absätzen, beinahe ohne Bewegung, und doch sah es für Leon wie *großartiges Tanzen* aus –, ihr Haar fiel ins Gesicht, dann warf sie es mit einem Lächeln zurück, einem geheimen Lächeln, so als ob es ihr gerade eben erst wieder eingefallen war, wo sie war, so als ob sie an etwas gedacht hatte, was sie ein klein wenig amüsierte. Sie war perfekt. Viel besser als Cybill Shepherd, entschied Leon.

Und dann war da noch diese andere Sache: Sie war nicht von der Musik zu trennen. Leon tanzte das erste Mal in seinem Leben, und er würde diese unglaublichen Songs – Geschichten von einer Welt, die von der einen Liebe zerstört oder erfüllt werden konnte – nie wieder hören, ohne an dieses märchenhafte Gesicht zu denken.

»If I can't have you ... I don't want nobody, baby ... If I can't have you ... oh-oh-OH!«

»Hier«, sagte das schönste Mädchen der Welt. »Bist du erkältet?«

Leon wollte ihr nichts vormachen.

»Nein«, sagte er. »Nein, ich habe Drogen genommen.«

Sie zog die Augenbrauen hoch. Er hatte panische Angst, sie würde sich jetzt umdrehen und gehen. Das erste Mal in dieser Nacht wusste er, was echte Angst ist. Die Angst, sie nie wieder zu sehen.

»Ach, du solltest keine Drogen nehmen«, sagte sie. »Du bist nicht du selbst, wenn du Drogen nimmst.«

So hatte Leon das nie zuvor gesehen. Und dann plötzlich fiel ihm ein, dass es da etwas gab, das er unbedingt wissen wollte.

»Wie heißt du?«, fragte Leon und meinte damit eigentlich: Darf ich dich ewig lieben?

Sie sagte es ihm.

SAMSON KAMBALU
Jive Talker

Jeden Sonntagnachmittag gab es im Gemeindesaal von Mulanje eine Disco. Dort hing ich immer mit meinem persönlichen Buchhalter Thokozani und den anderen Halbstarken, Gangstern, Rowdys und zwielichtigen Typen ab, wir tranken Coca-Cola und tauschten die neuesten Breakdance-Schritte aus, die wir in den Videovorführungen gesehen hatten. Das Geld von den Sonnenscheinpillen ließ ich nie zu Hause herumliegen, um keinen Verdacht zu erregen, trotzdem wunderte sich Dad, ob wir eine Ratte im Haus hätten, die sich an seinen Pillenvorräten vollfraß.

Als der DJ einen Disco-Dancing-Wettbewerb ankündigte, nahm ich mein ganzes Geld zusammen, um mir davon eine Michael-Jackson-Lederjacke machen zu lassen. Dazu kaufte ich mir ein Stück schwarz glänzenden Stoff aus Acrylfaser und ging damit zu dem dickwanstigen Schneider auf der Veranda von Mr Manyumbas Lebensmittelladen. Kachembwe war der beste Schneider in der Stadt. Er konnte Blusen zu Hemden umnähen, klassische Hemden zu chinesischen Hemden, Röcke zu Hosen, nach links aufgehende in nach rechts aufgehende Hosenschlitze, Hosen mit Schlag zu solchen mit Aufschlag, normale Jacketts zu zweireihigen … Kein Wunsch war unmöglich, wenn er hinter seiner staubigen Singer saß und das Pedal schaukeln ließ.

Ich zeigte ihm einen Zeitschriftenausschnitt von Michael Jackson in seiner »Billie-Jean«-Lederjacke und bat ihn, mir so eine zu machen. Er sagte, dafür müsse er mir einen Zuschlag berechnen, weil er noch nie mit so einem Material gearbeitet habe. Ich erwiderte, das wäre kein Problem, solange die Jacke zum nächsten Wochenende fertig würde. Und das wurde sie, gerade rechtzeitig, allerdings waren am Ende seine Finger allesamt bandagiert wie bei einer Mumie.

Um mein Outfit perfekt zu machen, borgte ich mir das Jehri-Locken-Kit meiner Mutter aus und kaufte mir ein Paar Plastikschuhe, die Gondolas genannt wurden. Warum sie so hießen, sollte ich bald herausfinden.

Ich wollte eine Sonnenbrille, wie sie Michael Jackson bei den Grammys getragen hatte, und einen schwarzen Fedorahut, wie er ihn bei »Billie Jean« aufhatte, aber es bestand keine Chance, so etwas in dem abgelegenen Mulanje-Distrikt aufzutreiben. So entschied ich mich für den kauzig-intellektuellen Look eines Buddy Holly, John Lennon oder Woody Allen. Das war nicht weiter schwierig: Ich erzählte Dad, dass ich beim Lesen die Buchstaben nicht mehr richtig erkennen könne. Er schickte mich zu Mr Bimphi, dem Krankenhausaugenarzt, der auch als Optiker einsprang. Ich gab mir alle Mühe, beim Sehtest durchzufallen, indem ich ihn mit großen, fragenden Augen anstarrte und vor der Tabelle angestrengt blinzelte. Er nickte nachdenklich mit dem Kopf und verschrieb mir eine Secondhand-Damenbrille mit Horngestell, weil, wie er erklärte, die Herrenmodelle ausgegangen waren. Von der Brille fing ich wirklich an zu schielen, und mein Nasenbein kribbelte die ganze Zeit, doch daran gewöhnte ich mich rasch. Mit der Brille sah ich aus wie ein Mädchen, was mich aber nicht weiter störte. Es war eine prima Ausrede für den androgynen Look, der es mir angetan hatte, seit ich im Diptychon auf Echnaton gestoßen war, und David Bowie gefiel mir auch ziemlich gut. Als Filzhutersatz kaufte ich mir auf dem Markt einen Strohhut und lackierte ihn schwarz.

Der Gemeindesaal von Mulanje hatte keine Ventilatoren und war zum Bersten voll. In meiner Acryljacke lief mir der Schweiß herunter, bevor ich überhaupt auf der Tanzfläche angetreten war. Mein Künstlername war »Erster Ritter vom Orden des Gelben Diamanten«, weil es darum ging, um jeden Preis zu leuchten, und mein Stil für die Einheimischen sowieso viel zu heiß war.

Mit meiner glänzenden »Leder«-Jacke und einem Moondance, so geschmeidig, als würde ich über schwarzes Eis gleiten, schaffte ich es locker in die Endrunde. Dort trat ich gegen einen Typ namens Smith Phiri an, der sich H. M. nannte, weil auch sein Stil keine Gnade gegenüber den Einheimischen kannte. Seinen Spitznamen hatte er sich von Henry Morton Stanley entlehnt, einem berüchtigten walisischen Entdeckungsreisenden, der auf der Suche nach dem verschollenen David Livingstone Ostafrika mit 300 000 Schuss Munition betreten hatte, von denen keine einzige Kugel mehr übrig war, als er die Mündung des Kongo im Westen erreichte. Wie H. M. Stanley fand auch H. M., dass jeder Eingeborene, der seinen Weg kreuzte, für sein Geld etwas Ordentliches geboten bekommen sollte.

H. M. trug ein eng anliegendes gelbes T-Shirt, auf dem vorne in Grün »Brasilien« stand, und dazu enge Jeans-Shorts, weil er sich keine lange Hose leisten konnte. Sein linker Knöchel war bandagiert, allerdings, wie ich bald merkte, nicht aus Stilgründen wie meine linke Hand (einen weißen Handschuh hatte ich nicht auftreiben können, schon gar nicht einen diamantbesetzten). Als er zu Ricky James mit Body-Poppings und Windmills über die Bühne turnte, fing sein Knöchel durch den Verband hindurch an der Außenseite zu bluten an. Der rote Fleck wurde mit jeder Bewegung, die er machte, größer. Anstatt sich seine Darbietung anzusehen, beobachteten das Publikum und die Jury fasziniert diesen Blutfleck. Als H.M. mit seiner Darbietung fertig war, hatte sich der Verband komplett rot gefärbt. Der Junge tat mir leid, und ich nahm mir vor, ihm ein paar Gratispillen für seine Wunde zu geben.

Ich tanzte zu Michael Jacksons »Billie Jean«: Die Choreografie dazu kannte ich – von der 25-Jahre-Motown-Show – in- und auswendig. Als die Schlagzeugsequenz einsetzte, fasste ich mir mit der bandagierten Hand in den Schritt und breakte los. Ich schleuderte die Beine nach links und rechts, und einer meiner Gondolas flog prompt in hohem Bogen davon, krachte gegen die Wand und hinterließ einen schwarzen Fleck auf dem Putz. Ich nahm es als gutes Omen. Doch zu meinem Schreck entdeckte ich nun ein Loch in meiner Socke, und das, obwohl die Socken nagelneu waren. Um das Loch zu verbergen, stellte ich mich auf die Zehen wie dieser verrückte Nijinsky im Diptychon. Das Publikum flippte aus, als ich mich an einem unsichtbaren Seil in Richtung des Schuhs zog und ihn mir im Roboterstil wieder anzog. Ich wirbelte herum und warf meinen Hut ganz gezielt zu Thokozani ins Publikum, damit er ihn für mich aufbewahrte. Wirf deinen Hut irgendeinem

Eingeborenen zu, und du kannst darauf wetten, dass du ihn nie wiedersiehst. Ich moonwalkte zurück auf die Bühne, rotierte um meine eigene Achse und landete erneut auf den Zehen, was eine elektrische Welle durch meinen Körper, den Rumpf hinauf und in die Arme schickte und mich herumschlackern ließ wie Wackelpudding … Ich hoffte nur noch, dass der Song endlich aus wäre, weil ich in meiner Acryljacke dermaßen in meinem Schweiß kochte, dass er mir in Bächen in die Plastikgondolas lief und sich dort mit dem Wasser sammelte, das ich mir vor meinem Auftritt über die Locken gekippt hatte, um meinen Wet-Look aufzupeppen. Am Ende meiner Vorstellung sah ich aus, als wäre ich gerade aus einem Kanal in Venedig gestiegen. Ich hielt es nicht länger aus. Noch auf der Bühne zog ich mir die Gondolas aus und leerte den Schweiß auf den Boden. Die Pfütze bildete einen kleinen Spiegel auf dem Parkett, sodass ich mich bei meiner Verbeugung vor dem Publikum gleichzeitig vor meinem eigenen Spiegelbild in der Pfütze verbeugte. Das ganze Haus tobte, und sogar die Juroren klatschten, was sie bei H. M. nicht getan hatten – mit dem hatten sie bloß Mitleid gehabt. Und so war ich nicht überrascht, dass der »Erste Ritter vom Orden des Gelben Diamanten« der triumphale Disco-Dancing-Champion 1988 von Mulanje wurde.

CATHERINE MANSFIELD
Ihr erster Ball

Leila hätte nur schwer sagen können, wann genau der Ball begann. Vielleicht war ihr erster Partner schon die Droschke gewesen. Es hatte nichts zu bedeuten, daß sie die Droschke mit den Sheridan-Mädchen und deren Bruder teilte. Sie lehnte sich in ihr eigenes kleines Eckchen, und das Armpolster, auf dem ihre Hand lag, fühlte sich wie der Frackärmel eines unbekannten jungen Mannes an – und sie flogen dahin, an walzenden Laternenpfählen und Häusern und Zäunen und Bäumen vorbei.

»Bist du wirklich noch nie auf einem Ball gewesen, Leila? Aber Kind, das ist ja wahnsinnig ulkig!« riefen die Sheridan-Mädchen.

»Unser nächster Nachbar wohnt fünfzehn Meilen weit weg«, sagte Leila leise, und behutsam öffnete und schloß sie ihren Fächer.

O je, wie schwer es war, so gleichgültig wie die andern zu tun! Sie bemühte sich, nicht zu sehr zu lächeln, und sie bemühte sich, sich nicht so aufzuregen. Und doch war einfach alles so neu und aufregend: Megs Tuberosen, Joses lange Bernsteinkette, Lauras dunkles Köpfchen, das sich aus ihrem weißen Pelz wie eine Blume aus dem Schnee reckte. Sie würde es nie vergessen! Es gab ihr sogar einen Stich, als ihr Cousin Laurie die Blättchen Seidenpapier wegwarf, nachdem er sie von den Knöpfen seiner neuen Handschuhe entfernt hatte. Sie hätte die Papierblättchen gern als Andenken behalten, zur Erinnerung. Laurie beugte sich vor und legte Laura die Hand aufs Knie.

»Hör mal, Schwesterchen«, sagte er. »Den Dritten und den Neunten, wie immer – kapiert?«

Oh, wie wundervoll, einen Bruder zu haben! In ihrer Aufregung meinte Leila, daß sie, wenn sie Zeit gehabt hätte und wenn es nicht so unmöglich gewesen wäre, unweigerlich hätte losheulen müssen, weil sie ein einziges Kind war und keinen Bruder hatte, der ›kapiert?‹ zu ihr sagte, und keine Schwester, die sagen würde – wie Meg jetzt eben zu Jose: »Noch nie war dein Haar so schwungvoll aufwärts frisiert wie heute abend!«

Aber natürlich war keine Zeit für so etwas. Sie waren schon bei der Turnhalle. Vor ihnen waren Wagen, und hinter ihnen waren Wagen. Auf beiden Seiten war die Straße von einem weiterziehenden, fächerartigen Lichterspiel erhellt, und auf dem Bürgersteig schienen fröhliche Paare förmlich durch die Luft zu schweben, und kleine Atlasschuhe jagten einander wie Vögel.

»Halt dich an mir fest, Leila«, sagte Laura, »sonst verlieren wir dich!«

»Los, los, Kinder, wollen uns hineinstürzen!« sagte Laurie. Leila legte zwei Finger auf Lauras rosa Samtumhang, und irgendwie wurden sie an dem großen goldenen Kandelaber vorbeigeschoben, den Korridor entlanggeschwemmt und in das kleine Zimmer mit dem Schild DAMEN getragen. Hier war das Gedränge so groß, daß sie kaum Platz hatten, ihre Überkleider abzulegen; der Lärm war ohrenbetäu-

36

bend. Die beiden Bänke zu beiden Seiten waren überhäuft
mit Umhängen. Zwei alte Frauen in weißen Schürzen liefen
hin und her, um immer noch einen neuen Armvoll drauf-
zuwerfen. Und jeder drängte weiter, um an den kleinen
Frisiertisch und den Spiegel am andern Ende zu gelangen.

Eine große zitternde Gasflamme beleuchtete die Damen-
garderobe. Auch die konnte nicht warten, auch die tanzte
bereits. Als die Tür wieder aufflog und aus der Halle das
Stimmen der Instrumente herdrang, hüpfte die Flamme fast
bis zur Decke hinauf.

Dunkelhaarige Mädchen und blonde Mädchen zupften
an ihren Frisuren, banden Schleifen neu, steckten sich
Taschentüchlein in den Kleiderausschnitt und strichen
marmorweiße Handschuhe glatt. Und weil sie alle lachten,
kamen sie Leila alle wunderschön vor.

»Sind nicht irgendwo unsichtbare Haarnadeln?« rief eine
Stimme. »Ist ja erstaunlich! Ich kann keine einzige unsichtbare Haarnadel sehen!«

»Bitte, pudere meinen Rücken, sei so lieb!« rief eine
andre. »Aber ich muß unbedingt Nadel und Faden haben!«
jammerte eine dritte. »Ich hab' mir ein meilenlanges Ende
von meinem Volant abgerissen!«

Dann hieß es: »Weitergeben! Weitergeben!« Das Körbchen mit den Tanzkarten ging von Hand zu Hand. Süße,
kleine, rosasilberne Tanzkarten mit rosa Bleistift und flau-
schigen Quasten. Leilas Finger zitterten, als sie eine aus
dem Körbchen nahm. Am liebsten hätte sie jemand gefragt:
›Ist eine davon für mich bestimmt?‹, aber sie hatte nur Zeit,
um zu lesen: 3. Walzer: ›Ich und du im Kanu‹, 4. Polka: ›Daß
die Federn fliegen!‹, da rief Meg schon: »Fertig, Leila?«,

und sie zwängten sich durch das Gedränge im Korridor zu den großen Flügeltüren des Saals.

Es wurde noch nicht getanzt, aber die Kapelle hatte mit dem Stimmen aufgehört, und das allgemeine Stimmengewirr war so stark, daß man glauben konnte, man würde die Musik überhaupt nicht hören, wenn sie einmal anfinge. Leila hielt sich dicht an Meg, blickte ihr über die Schulter und dachte, daß sogar die flatternden bunten Wimpel, die quer über den Saal gespannt waren, miteinander schwatzten. Sie vergaß ganz, scheu zu sein, und dann fiel ihr ein, wie sie sich zu Hause beim Ankleiden aufs Bett gesetzt hatte, mit nur einem Schuh an, und ihre Mutter angefleht hatte, die Kusinen anzurufen und zu sagen, sie könne nun doch nicht mitkommen. Und vergessen war der glühende Wunsch, auf der Veranda ihres einsamen Landhauses zu sitzen und den Eulenbabys zuzuhören, wenn sie im Mondschein ›Horch, horch!‹ riefen – vergessen und umgewandelt in einen so glühenden Überschwang von Freude, daß es allein kaum zu ertragen war. Sie umklammerte ihren Fächer, und während sie auf die schimmernde, goldene Tanzfläche blickte und auf die Azaleen und Laternen, auf das Podium mit dem roten Teppich und den vergoldeten Stühlen am Ende des Saals und auf die Kapelle in einer Ecke, dachte sie: ›Wie himmlisch! Einfach himmlisch!‹ Die Mädchen standen alle in einer Gruppe links von den Flügeltüren, die Herren rechts davon, und die Anstandswauwaus in ihren dunklen Kleidern gingen töricht lächelnd mit kleinen, zaghaften Schrittchen über den gebohnerten Boden und zum Podium.

»Das hier ist Leila, meine kleine Kusine vom Land. Sei

nett zu ihr! Besorge ihr Tänzer! Sie steht unter meinen
Fittichen!« sagte Meg und stellte sie einem Mädchen nach
dem andern vor.

Fremde Gesichter lächelten Leila an – liebenswürdig und
gedankenlos. Fremde Stimmen antworteten: »Natürlich,
gerne!« Aber Leila kam es so vor, als sähen die Mädchen sie
gar nicht. Sie blickten alle zu den Herren hinüber. Warum
setzten die Herren sich nicht in Bewegung? Worauf warteten sie? Sie standen da drüben herum, zogen ihre Handschuhe glatt, betupften ihr glänzendes Haar und lächelten
untereinander. Dann plötzlich, als wäre ihnen soeben in den
Sinn gekommen, was sie längst hätten tun sollen, glitten sie
übers Parkett heran. Auf der Mädchenseite entstand ein
fröhliches Geflatter. Ein großer blonder Herr eilte auf Meg
zu, griff nach ihrer Tanzkarte und kritzelte etwas hinein;
Meg reichte ihn an Leila weiter. »Darf ich um das Vergnügen bitten?« Er dienerte und lächelte. Ein dunkelhaariger
Mann mit einem Monokel kam, dann Leilas Cousin Laurie
mit einem Freund und Laura mit einem sommersprossigen
jungen Bürschlein, dessen weiße Halsbinde verrutscht war.
Dann erschien ein ziemlich alter Herr, ein dicker, mit einer
großen kahlen Stelle auf dem Kopf, nahm ihre Tanzkarte
und murmelte: »Woll'n mal nachsehen! Woll'n mal nachsehen!« Und er brauchte eine Ewigkeit, um seine Karte, die
schon schwarz von all den Namen war, mit der ihren zu
vergleichen. Es schien ihm so viel Mühe zu machen, daß
Leila ganz beschämt war. »Oh, lassen Sie doch!« sagte sie
hilfsbereit. Aber statt einer Antwort trug der Herr sich ein
und sah dann zu ihr auf. »Erkenne ich's, das strahlende
Gesichtchen?« sagte er weich. »Ist's mir von einstens nicht

39

bekannt?« Im gleichen Augenblick setzte die Kapelle ein, und der dicke Herr war weg. Er wurde von einer großen Woge Musik fortgespült, die über das schimmernde Parkett flutete und die Gruppen in Paare aufspaltete und sie zerstreute und herumkreiselte.

Leila hatte im Schulheim tanzen gelernt. Jeden Samstagnachmittag wurden die Heimschülerinnen in den kleinen, mit Wellblech gedeckten Missionssaal geführt, wo Miss Eccles (aus London, bitte!) ihren ›exklusiven‹ Tanzunterricht erteilte. Doch der Unterschied zwischen dem verstaubt riechenden Missionssaal – wo Bibelsprüche an den Wänden hingen und ein verängstigtes, armes Weiblein in brauner Samttoque mit Kaninchenohren das eiskalte Klavier bearbeitete und Miss Eccles mit ihrem langen weißen Zeigestock gegen die Mädchenfüße stieß – und dem Saal hier war so ungeheuer, daß Leila glaubte, sie würde mindestens sterben oder ohnmächtig werden oder die Arme heben und durch eins der dunklen Fenster vor dem Sternhimmel fliegen, falls ihr Tanzpartner nicht käme und sie ganz allein die wundervolle Musik anhören und den andern Mädchen zuschauen müßte, die über den goldenen Fußboden schwebten und glitten.

»Ich glaube, das ist unser Tanz …« Jemand verbeugte sich, lächelte und bot ihr seinen Arm: sie brauchte also nicht zu sterben! Eine Hand hielt ihre Taille, und sie schwebte von dannen wie eine Blüte, die in einen Teich geworfen wurde.

»Ganz nette Tanzfläche, nicht?« näselte eine leise Stimme nah an ihrem Ohr.

»Wundervoll glitschig«, sagte Leila.

»Wie bitte?« Die leise Stimme war anscheinend überrascht. Leila wiederholte es, und eine kleine Pause entstand, ehe die Stimme bestätigte: »Hm, ja«, und sie wieder herumgeschwungen wurde.

Er konnte großartig führen. Das war der große Unterschied, wenn man mit Herren tanzte, dachte Leila. Mädchen stießen immer gegen andre, oder sie traten einander auf die Füße, und das Mädchen, das als Herr tanzte, packte einen viel zu fest.

Die Azaleen waren nicht länger einzelne Blüten: sie waren zu rosa und weißen Flaggen geworden, die an einem vorbeiströmten.

»Waren Sie vorige Woche bei den Bells?« fragte die Stimme wieder. Sie klang müde. Leila überlegte, ob sie ihm anbieten solle, lieber aufzuhören.

»Nein – das ist hier mein erster Ball«, sagte sie.

Ihr Partner stieß ein unterdrücktes kleines Lachen aus. »Nein, so etwas!« protestierte er.

»Doch, es ist wirklich der erste Ball, den ich jemals mitgemacht habe!« beteuerte Leila eifrig. Sie empfand es wie eine Erlösung, es jemand erzählen zu können. »Ich habe nämlich bis jetzt mein ganzes Leben auf dem Lande gewohnt ...«

Die Musik brach ab, und sie setzten sich auf zwei Stühle an der Wand. Leila zog ihre rosa Atlasschuhe unter den Sitz und fächelte sich, während sie glückselig den andern Paaren nachsah, die vorbeigingen oder zwischen den Flügeltüren verschwanden.

»Gefällt es dir, Leila?« fragte Jose und nickte Leila mit ihrem goldblonden Kopf zu.

Auch Laura kam vorbei und zwinkerte ihr ein ganz klein

wenig zu, so daß Leila sich einen Augenblick fragte, ob sie schon richtig erwachsen sei. Ihr Tanzpartner sagte bestimmt nicht viel. Er hustete, steckte sein Taschentuch weg, zog an seiner Weste und nahm ein winziges Fädchen von seinem Ärmel. Aber es machte nichts. Die Musik setzte fast sofort wieder ein, und ihr nächster Partner schien geradezu vom Himmel gefallen zu sein.

»Ganz nette Tanzfläche, nicht?« sagte die neue Stimme. Fingen sie immer mit dem Fußboden an? Und schon ging es weiter: »Waren Sie am Dienstag bei den Neaves?« Und wieder erklärte es Leila. Vielleicht war es ein bißchen seltsam, daß ihre Partner es nicht interessant fanden. Denn es war doch so aufregend! Ihr erster Ball! Sie stand erst am Anfang von allem, was folgen würde. Ihr kam es so vor, als hätte sie nie gewußt, wie die Nacht eigentlich war. Bis jetzt war sie dunkel und stumm gewesen, oft sehr schön, o ja, aber auch etwas traurig. Feierlich. So würde die Nacht nie wieder sein: sie hatte sich in ihrer strahlenden Helle gezeigt.

»Möchten Sie ein Eis?« fragte ihr Partner. Sie gingen durch die Drehtüren, den Korridor entlang und zum Buffet. Ihre Wangen glühten; sie war furchtbar durstig. Wie reizend das Eis auf den kleinen Glastellern aussah, und wie kalt der angelaufene Löffel aussah – wie geeist! Und als sie in den Tanzsaal zurückkehrten, stand der dicke Mann an der Tür und wartete schon auf sie. Es gab ihr einen richtigen Schock, als sie wieder sah, wie alt er war. Er hätte bei den Vätern und Müttern auf dem Podium sitzen sollen. Als Leila ihn mit ihren andern Tanzpartnern verglich, sah er geradezu schäbig aus. Seine Weste war zerknüllt, an seinem

Handschuh fehlte ein Knopf, und sein Frack sah wie von Talkpuder bestäubt aus.

»Kommen Sie, kleine Dame!« sagte der Dicke. Er bemühte sich kaum, sie festzuhalten, und sie bewegten sich so traumhaft, es war eher ein Gehen als ein Tanzen. Doch vom Fußboden sagte er kein Wort. »Ihr erster Ball, nicht wahr?« murmelte er.

»Woher wissen Sie das?«

»Ach«, sagte der Dicke, »das kommt davon, wenn man alt ist.« Er schnaufte ein bißchen, als er sie an einem ungeschickten Paar vorbeisteuerte. »So etwas wie das hier habe ich nämlich schon seit dreißig Jahren getan.«

»Seit dreißig Jahren?« rief Leila. Das war zwölf Jahre, bevor sie geboren war!

»Ein fast unerträglicher Gedanke, nicht wahr?« meinte der dicke Mann düster. Leila blickte auf seinen kahlen Kopf, und sie empfand aufrichtiges Mitleid.

»Ich finde es bewundernswert, daß Sie immer noch auf der Höhe sind!« sagte sie freundlich.

»Sehr gütig, kleine Dame«, erwiderte er, drückte sie etwas fester an sich und summte einen Walzertakt mit. »Sie allerdings«, fuhr er fort, »dürfen nicht erwarten, daß Sie auch nur halbwegs so lange durchhalten! Nein, schon lange vorher werden Sie in Ihrem guten Schwarzsamtenen da oben auf dem Podium sitzen und zuschauen. Ihre schönen Arme werden sich in kurze, dicke Arme verwandelt haben, und wenn Sie den Takt mitschlagen, dann mit einem ganz andern Fächer: mit einem aus schwarzem Ebenholz!« Er schien zu erschauern. »Und Sie werden andauernd lächeln, wie die armen, guten Seelen da oben, und auf Ihre Tochter deuten und der ältlichen Dame neben Ihnen erzählen, daß ein abscheulicher Mann auf dem Klubball sie küssen wollte. Und Ihnen wird ganz weh ums Herz, ganz weh« – der dicke Mann drückte sie noch fester an sich, als bemitleide er das arme Herz –, »weil jetzt niemand mehr Sie küssen will. Und Sie werden sagen, wie unangenehm es sich auf den gebohnerten Böden gehen läßt, und wie gefährlich sie sind. Stimmt's, Mademoiselle Leichtfuß?« fragte er weich.

Leila lachte ein bißchen, aber es war ihr gar nicht nach Lachen zumute. War das, was er da sagte, wahr? Konnte es wahr sein? Es klang schrecklich wahr. War also ihr erster Ball im Grunde nur der Anfang zu ihrem letzten Ball? Auf einmal schien die Musik anders zu klingen – sie klang traurig, sehr traurig, sie schien zu einem großen Seufzer anzusetzen. Oh, wie schnell sich alles ändern konnte! Warum dauerte das Glück nicht ewig? Ewig war durchaus nicht zu lange.

»Ich möchte aufhören!« sagte sie mit erstickter Stimme. Der dicke Mann führte sie an die Tür.

»Nein«, sagte sie, »ich will nicht hinausgehen. Ich will mich auch nicht setzen. Ich möchte einfach hier stehen, danke!« Sie lehnte sich an die Wand, stampfte mit dem Fuß auf, zog die Handschuhe hoch und versuchte zu lächeln. Doch im innersten Herzen warf sich ein kleines Mädchen die Schürze über den Kopf und weinte jämmerlich. Weshalb hatte er alles verdorben?

»Aber hören Sie mal, kleine Dame«, sagte der dicke Mann, »Sie müssen mich doch nicht ernst nehmen!«

»Tu ich ja gar nicht!« erwiderte Leila, warf ihr dunkles Köpfchen auf und nagte an ihrer Unterlippe …

Wieder promenierten die Paare an ihr vorbei. Die Drehtüren flogen auf und zu. Jetzt verteilte der Kapellmeister
neue Noten. Aber Leila mochte nicht mehr tanzen. Sie
sehnte sich, zu Hause zu sein und auf der Veranda zu sitzen
und den Eulenbabys zuzuhören. Als sie durch die dunklen
Fenster zu den Sternen aufblickte, hatten sie lange Strahlen – wie Flügel …

Aber dann begann eine sanfte, schmelzende, betörende
Melodie, und ein junger Mann mit krausem Haar verbeugte
sich vor ihr. Aus Höflichkeit würde sie tanzen müssen, wenigstens, bis sie Meg fand.

Sehr steif ging sie bis in die Saalmitte; sehr hochmütig
legte sie ihre Hand auf seinen Ärmel. Aber schon nach
einer Minute, nach einer Drehung, schwebten ihre Füße
nur so dahin. Die Lichter, die Azaleen, die Kleider, die
rosigen Gesichter, die Samtsessel – alles wurde zu einem
einzigen, herrlich kreiselnden Rad. Und als ihr nächster
Tanzpartner mit ihr gegen den dicken Mann stieß, der daraufhin »Pardon!« sagte, lächelte sie strahlender denn je zu
ihm hinüber. Sie erkannte ihn nicht einmal.

EVE HARRIS

Die Hochzeit der Chani Kaufman

Reglos stand die Braut da, unter Lagen kratziger Petticoats wie zur Salzsäule erstarrt. Schweiß lief ihr den Rücken hinunter, sammelte sich in den Achselhöhlen und hinterließ Flecken auf der elfenbeinfarbenen Seide. Sie schob sich näher an die Tür des *Bedeken*-Raumes heran und presste ein Ohr dagegen.

Sie hörte die Männer singen. Ihre »Lai-lai-lai«-Rufe rollten den staubigen Korridor der Synagoge herunter. Sie kamen, sie abzuholen. Jetzt war es so weit. Dies war ihr Tag. Der Tag, an dem ihr Leben endlich begann. Sie war neunzehn und hatte noch nie die Hand eines Jungen gehalten. Der einzige Mann, der sie berühren durfte, war ihr Vater gewesen, und seine körperlichen Zuwendungen hatten abgenommen, als ihr Körper rundlicher und reifer wurde.

»Setz dich, Chani-leh, zeig ein bisschen Anstand. Komm, eine *Kalla* steht nicht an der Tür. Los, setz dich hin!«

Das Gesicht ihrer Mutter war grau geworden. Die Falten traten umso deutlicher hervor, als ihr das Make-up den Hals hinunterglitt. Die gezupften Augenbrauen verliehen ihrem Gesicht den Ausdruck ständiger Überraschung, und der Mund war zu einer Linie eisigen Pinks zusammengepresst. Mrs Kaufman schien unter dem Gewicht ihrer farblosen Perücke regelrecht zusammenzusacken, das Haar darunter ebenfalls grau und dünn. Mit fünfundvierzig eine alte Frau: müde. Chani war ihre fünfte Tochter, die Fünfte, die auf die *Bedeken*-Zeremonie wartete, die Fünfte, die das Kleid trug. Und sie würde nicht die Letzte sein. Wie Matrjoschka-Puppen kamen nach ihr noch drei jüngere Töchter.

Chani blieb auf ihrem Posten. »Müssten sie nicht längst hier sein?«

»Sie kommen noch früh genug. Du solltest für deine unverheirateten Freundinnen beten. Nicht alle haben so ein Glück wie du heute, *Baruch HaSchem.*«

»Aber wann kommen sie? Es fühlt sich an, als warteten wir schon ewig.« Sie stieß einen gelangweilten Seufzer aus.

»Wenn sie so weit sind. Und nun ist Schluss, Chani-leh.«

Von Mutter zu Tochter und von Schwester zu Schwester war das Kleid allen immer ein treuer Freund gewesen – es schrumpfte oder wuchs mit den Erfordernissen einer jeden Braut. Die silbernen Stickereien und unzähligen Perlen kaschierten Narben und schartige Säume der verschlissenen Hülle. Jede Änderung zeugte von der Reise einer weiteren Braut, zeichnete ihre Hoffnungen und Wünsche nach. Die gelb gewordenen Achseln, die schon so oft chemisch gereinigt wurden, erzählten von ihren Ängsten. Kalte, kribbelnde Spannung, das Aufblitzen weißer Laken und das riesige Bett, das auf sie wartete, erfüllten die Gedanken jeder Braut. Wie wird es sein? Wie wird es sein? Diese Frage pulsierte in Chanis Kopf.

Sie ging zögerlich über den Teppich. Als würde sich das Rote Meer teilen, rutschten die Mutter und die Schwestern mit ihren üppigen Hinterteilen zur Seite, um auf dem Diwan für ihren kleinen hübschen Po Platz zu machen. Das

weiße Braut-Gebetbuch wurde ihr behutsam in die Hände
geschoben. Die Frauen flüsterten und murmelten, die Ge-
bete hoben und senkten sich im Rhythmus ihrer Atemzüge
und dem Klopfen ihrer Herzen. Das Hebräische ergoss sich
in sanftem, weiblichem Keuchen. Chani stellte sich vor, wie
die Worte hoch, hoch und immer höher schwebten – ge-
flügelte Briefe, die mit der Zimmerdecke verschmolzen.

In der warmen Luft mischten sich die verschiedenen Par-
fums mit Körperausdünstungen und schlechtem Atem. Ge-
trockneter Lippenstift verklebte die ausgedörrten Münder
der Frauen, und verborgen unter vielen Kleiderschichten,
knurrten ihre Mägen. Einige trugen Zweiteiler, bestehend
aus langen Röcken und passenden Jacken, zugeknöpft, soweit es nur ging. Andere hatten den obligatorischen langen
Rock mit einer weißen hochgeschlossenen Bluse unter
einem schlichten blauen Blazer kombiniert. Die Farben
waren absichtlich trist, belebt höchstens von einer kleinen
Brosche oder etwa cremefarbenen Paspeln um die Taschen.
Eine selbstauferlegte Uniform, die sogar die Jüngste unter
ihnen wie eine Witwe erscheinen ließ.

Genau wie Mrs Kaufman trugen die verheirateten Frauen
ihre besten Perücken – schwere, glänzende Strähnen, die ihr
Haar vor dem anderen Geschlecht verbargen, die falsche
Pracht dichter und farbiger als die Natur. Junge, unverhei-
ratete Frauen bekundeten ihren Familienstand, indem sie
barhäuptig gingen, doch selbst die prächtigste Mähne war
gebändigt und zurückgebunden oder zu einem ordent-
lichen Bob geschnitten.

Die drallen Rücken und Schultern derer, die schon vor
ihr Bräute gewesen waren, wiegten sich vor und zurück,

mit knackenden Knien, wenn sie sich tief verbeugten. Sie beteten und seufzten für Chani, dafür, dass diese Ehe eine gute und treue werde und dass *HaSchem* wohlwollend auf sie und ihren Ehemann herabblickte. In Chanis Augen brannten Tränen angesichts ihrer Loyalität und Güte.

Doch wo war die Rebbetzin? Nachdem der Unterricht beendet war, hatte sie versprochen, zur Hochzeit zu kommen. Chani sah sich ein weiteres Mal um, bevor sie die Enttäuschung zuließ. Sie tröstete sich mit dem Gedanken, dass die Rebbetzin bereits in der *Schul* war und sie von der Frauengalerie aus beobachten würde. Chani schwor sich hinaufzuschauen, bevor sie unter die *Chuppa* trat.

Stattdessen war ihre zukünftige Schwiegermutter hier. Als ihre Blicke sich trafen, bedauerte Chani, nicht ins Gebet versunken zu sein. Mrs Levy war prachtvoll in ein dunkeltürkisfarbenes Seidenkleid gehüllt. Ein passender Pillbox-Hut vervollständigte das Ensemble und ließ sie wie einen glitzernden Eisvogel aussehen. Sie schlängelte sich herüber und atmete auf widerliche Art in Chanis Ohr.

»Entzückendes Kleid, Chani – obwohl es für meinen Geschmack ein wenig zu altmodisch ist. Aber dennoch, sehr hübsch. Es steht dir, meine Liebe.«

Der Hut ihrer Schwiegermutter war verrutscht, was irgendwie keck wirkte. Chani unterdrückte ein Grinsen. Mrs Levys extravagante kupferfarbene Perücke war zu einem aalglatten Vorhang getrimmt worden, der ihr hinterlistiges Lächeln umrahmte. Das hämische Grienen eines Leoparden, bevor er zum Sprung ansetzt. Chani würde nicht darauf hereinfallen. Sie ließ sich nicht unterkriegen.

»Danke, Mrs Levy, es ist ein Familienerbstück. Meine

Großmutter hat in diesem Kleid geheiratet. Es ist eine große Ehre für mich, es tragen zu dürfen.« Kess lächelnd wandte sie sich Richtung Diwan und ließ Mrs Levy mit offenem Mund stehen. Sie war schon so weit gekommen, dass sie sich von dieser Frau jetzt nicht mehr angiften ließ. Mit der Zeit würden sie lernen müssen, einander zu tolerieren. Die tiefe Abneigung beruhte auf Gegenseitigkeit, doch es war Chani, die den Sieg davongetragen hatte, und heute war ihr Tag.

Das Kleid knarrte, als sie sich setzte. Es floss über ihre Knie und sank in glänzenden Wogen um ihre Füße. Nur ihr Gesicht und die Hände bekamen Luft. Der Stoff kroch über das Schlüsselbein und umklammerte ihre Gurgel, der Hals unter der straffen Seide lang und elegant. Über ihren kleinen, festen Brüsten funkelten Blumen und Vögel in silbernen Bögen, die sich wie ein Spinnennetz über ihren Oberkörper zogen. Ihre Wirbelsäule war in eine aufrechte Haltung gezwungen, das Mieder so straff geschnürt, dass ihre Rippen nach Erlösung schrien. Eine doppelte Reihe Perlenknöpfe kletterte, einer Leiter gleich, ihren Rücken hinauf. Von der Taille abwärts bauschte sich das Kleid ausladend. Mehr und mehr silberne Blätter entfalteten sich, je näher die Stickereien dem Saum kamen.

Chanis Füße zappelten in Satinballerinas, sie schwitzte in den Strümpfen. Dicke Manschetten aus Zuchtperlen fesselten ihre Handgelenke, Hunderte lidloser Augen mit durchstochener Pupille. Sie war eine wahrhaft züchtige Braut, ihr Schlüsselbein, Hand- und Fußgelenke meisterhaft vor männlichen Blicken verborgen. Doch der unnachgiebige Stoff unterstrich ihre mädchenhaften Kurven und deutete das unerforschte Fleisch an, welches sich darunter verbarg.

Das Kleid war ihr Weg hinaus, ihre Chance, den klebrigen Türgriffen und dem ewig währenden Chaos ihres Elternhauses in Hendon zu entfliehen. Sie hatte noch nie ein eigenes Zimmer besessen oder neue Kleidung. Alles war immer aus zweiter Hand. Wie das Kleid. Selbst die Liebe, die man ihr entgegenbrachte, war irgendwie abgetragen.

Er konnte sich nicht mehr an ihr Gesicht erinnern. Ein kleines Problem. Denn Baruch war gekommen, um seine Braut zu identifizieren, sicherzustellen, dass er das richtige Mädchen ehelichte. Und nicht in die Irre geführt wurde wie Jacob, als Laban am Tag ihrer Hochzeit Rachel durch Leah ersetzte. Hilf mir, *HaSchem.* Wie sah sie aus? Bis zu diesem Augenblick war ihr Gesicht in seinem Gedächtnis eingebrannt gewesen, doch jetzt war sein Kopf leer. Drei breite *Fedoras* versperrten ihm die Sicht, als der Rabbi, der Kantor und sein Schwiegervater auf die Tür des Empfangszimmers zuhasteten. Er hatte sie dreimal getroffen und ihr beim vierten Mal einen Antrag gemacht – aber wie um alles in der Welt sah seine Braut bloß aus? Vor Hunger vernebelt, rebellierte sein Gehirn und lieferte ihm ihre Gesichtszüge nur als verschmierten Fleck. Die Hitze hatte ihn regelrecht im Schwitzkasten; unter den erstickenden Kleiderschichten begann er zu schwanken. Sein Onkel und sein Vater stützten ihn wie einen Betrunkenen, der aus einer Bar geführt wird. Sie schleppten ihn weiter, erst einen Schritt näher, dann noch einen. Seine Brillengläser beschlugen, so schwitzte er. Jetzt hatte er keine Chance mehr; die Tür schwang auf.

Chani konnte sich erinnern, wie es war, als ihre Eltern noch Zeit hatten, als ihre Mutter am Tor des Kindergartens auf sie wartete. Auf dem Weg nach Hause hatten sie die ganze Zeit über miteinander geredet; ihre Hand fest in der ihrer Mutter, die ihrem Geplapper aufmerksam lauschte. Fast verblichen das Bild, wie ihre Mutter mit ihr im Garten Himmel und Hölle spielte, die Röcke hob und geschickt von Stein zu Stein hüpfte. Doch dann waren in schneller Folge noch drei Babys gekommen. Ihre Eltern taumelten durch einen Morast von Milchfläschchen und stinkenden Windeln. Auf dem Heimweg von der Schule trug Chani nun die Einkäufe, während ihre Mutter den Buggy schob und auf die hinterhertrottende Kleine wartete. Als sie schließlich in die weiterführende Schule kam, holten ihre älteren Schwestern sie ab.

Ihr Vater war der angesehene Rabbi eines kleinen *Schtiebl* in Hendon mit einer bescheidenen Zahl von Mitgliedern. Er war ein sanfter, dünner, stiller Mann, vertieft in seine spirituelle Welt, der eher geistig als körperlich anwesend war. Sein Bart war lang und federleicht, wie graue Zuckerwatte. Er trug den in seinen Kreisen üblichen schwarzen Anzug, mit Hosenträgern unter dem Jackett, damit nichts rutschte. Ihre Mutter kaufte ihm immer Hosen, die ein wenig zu groß waren, vielleicht in der Annahme, er würde hineinwachsen. Doch während ihre Mutter immer beleibter wurde, schien ihr Vater zu schrumpfen.

Chani vergötterte ihn. Er war ein warmherziger, liebevoller Vater gewesen, strahlend und lachend. Sie erinnerte sich an das Gefühl, wenn er sie schnappte und an seinen dünnen Armen durch die Luft wirbelte. Je größer jedoch seine Familie wurde, desto mehr wurde seine Freude an ihr zu einer Zerstreutheit, die sich anfühlte wie Ablehnung. Er irrte durch das Haus im Nebel seiner nicht enden wollenden Vaterschaft.

Es waren nicht nur die Töchter, die nach ihr kamen. Die Gemeinde hatte ihn ihr gestohlen. Zu Hause, in der vernachlässigten Doppelhaushälfte, klingelte es ständig an der Tür. Ein unaufhörlicher Strom an unglücklichen Ehefrauen, verstörten Vätern und eifrigen Schülern marschierte durch ihren Flur auf der Suche nach Rat. Ihr Vater bugsierte sie eiligst zu seinem Arbeitszimmer, dessen Tür dann über Stunden verschlossen blieb. Als Kind spielte Chani direkt davor, nur um das Auf und Ab seiner Stimme zu hören. Wenn er wieder herauskam, wurde ihre Geduld mit einem Kopftätscheln belohnt. Seine Hosenbeine erkannte sie überall wieder. Wenn sie die Augen schloss, sah sie die gebeugten Schultern und die Samtkappe vor sich, die von seiner Glatze rutschte, wenn er treppabwärts verschwand.

Ihre Mutter war zu einer Maschine geworden, deren Teile abgenutzt waren und knirschten. Früher war sie schlank gewesen, eine geschmeidige junge Frau, fröhlich und flink. Über die Jahre hatte sich ihr Bauch aufgebläht und war wieder erschlafft, wie der Kehlsack eines Ochsenfrosches. Heute war das Licht in ihren Augen verloschen. Sie war eine Fremde geworden, ein erschöpfter Berg erschlafften Fleisches, der ohne Pause stillte, beruhigte, tätschelte oder fütterte.

Ihr Vater hatte seinen Samen immer und immer wieder in den verschlissenen Unterleib seiner Frau gesät. Chani schauderte, wenn sie an die schmerzvollen Geburten dachte, mit denen Baby um Baby auf die Welt gedrängt wurden. Sie schwor sich, dass alles anders sein würde, wenn sie an der Reihe war. Ihre Kinder würden sich nie nach Zuwendung sehnen. Und obwohl sie eigentlich kaum etwas über Empfängnisverhütung wusste, hatte sie sich gelobt, dass sie nach vier Kindern irgendwie aufhören würde.

Doch sie hatte Geduld beweisen und in der Schlange warten müssen, bis für ihre älteren Schwestern passende Gatten gefunden waren. Die temperamentvollen Mädchen, die treppauf, treppab durchs Haus getrampelt waren, sich um das Telefon stritten und abwechselnd liebevoll oder gemein zu ihr waren, waren verschwunden. Familienfotos trudelten ein, aus Brooklyn und Jerusalem. Mit dem Vermehren ihrer eigenen Brut verblassten die Schwestern wie Geister.

Am Telefon waren ihre Stimmen tonlos und rauh. Zum Reden war keine Zeit; keine Zeit, all die Fragen zu stellen, auf die Chani Antworten brauchte. Nun war sie an der Reihe.

Chani trug keinen Schmuck, ein Verbot der *Tora.* Eine *Kalla,* eine jüdische Braut, musste ohne Ringe und ohne Ohrschmuck unter dem Hochzeitsbaldachin stehen, als Zeichen, dass die bevorstehende Vereinigung geistig und nicht materiell begründet war. Sie blickte auf ihre Hände herab, die sich leuchtend gegen ihr Gebetbuch abhoben. Die Nägel waren manikürt und in fast durchsichtigem Pink lackiert worden, doch sie waren hässlich und zu kurz. Sie hatte sie bis zum Ansatz abgeknabbert. Ihre Hände wirkten kindlich, die Finger stummelig. Sie vermisste das Lodern ihres Ringes – des glühenden Diamanten, eine Kugel von obszöner Größe, die an ihren feuchten kleinen Fäusten noch größer wirkte. Sie hatte ihn liebend gern aufblitzen lassen und sich angewöhnt, wann immer es ging, mit der linken Hand zu gestikulieren oder auf etwas zu zeigen.

Sie öffnete das Buch, doch die uralten Buchstaben flitzten umher, anstatt stillzustehen. Wo blieben die Männer? Warum hatten sie noch nicht geklopft? Das Singen wurde doch lauter, oder? Sie konnte nicht mehr warten. Aber sie musste. Letztlich hatte sie ihr ganzes Leben lang gewartet. Sie wünschte sich einen Spiegel, um ihr Make-up zu kontrollieren. Vorsichtig stupste sie gegen die Haarspange, die den bodenlangen Schleier hielt und sich in ihre Kopfhaut krallte. Der Schleier strömte über ihre Schultern und fiel ihr in Kaskaden den Rücken hinunter. Saß sie aufrecht? Sie drehte sich um, um zu fragen, als die Tür in ihrem Rahmen erzitterte. Der Stoß ließ ihre Mutter auf die Füße schnellen. Mit quietschenden Schuhen und vor Schmerz pochenden Fußballen schoss Mrs Kaufman zur Tür.

Mit gesenktem Blick trat sie zurück, als die Tür aufschwang. Die beiden Parteien, draußen die Männer, drinnen die Frauen, starrten einander an. Einen Augenblick lang herrschte Schweigen, eine Stille, als lausche jeder auf einen einzelnen Akkord, der in der von Staubpartikeln wimmelnden Luft nachklang.

Baruch fiel fast vornüber in den Raum. Er richtete sich auf, wischte die Brillengläser an seinem *Tallit* ab und setzte sie wieder auf seine verschwitzte Nase. Jemand gab ihm einen kleinen Schubs, und er wurde weiter hinein in das Zimmer

voller berauschender, fremdartiger, weiblicher Aromen be-
fördert.

Und da war sie. Sein Blick traf ihren, und er nahm die
Farbe Roter Bete an. Baruch beugte sich ein wenig hinunter, um das Gesicht vor ihm zu begutachten. Ihre großen Augen waren von einem verschmitzten Braun, man-
delförmig und kunstvoll mit Kajal betont, die Wimpern
lang und glatt. Sie hatte eine schmale, aber gerade Nase
und milchfarbene Haut. Das Gesicht wirkte schlau und
wachsam, nicht die Maske einer Puppe, sondern lebendig
und ausdrucksvoll. Ihr Haar war so kohlschwarz, dass es
wie lackiert aussah, und war mit Perlen festgesteckt. Nur
wenige Augenblicke nach der Hochzeitszeremonie würde
eine Perücke den lakritzfarbenen Glanz verbergen. Sie war
sehr anziehend. Er hatte eine gute Wahl getroffen. Doch
sollte ein gutes jiddisches Mädchen so zurückstarren? Ein
angedeutetes Lächeln umspielte ihren Mund, und er wusste
wieder, warum er sie ausgewählt hatte.

Seine Hände zitterten, als er ihr den Schleier über das
Gesicht zog. »Amen!«, donnerten die Männer hinter ihm.
Sie war das richtige Mädchen – doch wer war sie wirklich?
Angesichts dessen, was er gerade im Begriff stand zu tun,
wurde ihm schwindelig.

Chani hatte ein Date nach dem anderen gehabt. Alle arrangiert, jeder angehende Bewerber sorgsam erwogen von den
Eltern und der Heiratsvermittlerin. Etliche Stunden hatte
sie so bei kaltem Kaffee und schwerfälligen Unterhaltungen
zugebracht. Den Männern, die ihr gefielen, gefiel sie nicht,
und jene, die sie wollten, fand Chani langweilig oder un-

attraktiv. Nach jedem Treffen rief die Mutter des jungen Mannes an und teilte ohne Umschweife das Urteil mit. Ihre Mutter gab am Hörer höfliche Laute von sich. Dann hängte sie auf, das Gesicht eine einzige geduldige Enttäuschung. Es war schwer genug, abgelehnt zu werden, doch es war entwürdigend, von einem Jungen abgelehnt zu werden, den man nicht einmal wollte. Mit der Zeit verlobten sich alle ihre Freundinnen. Verzweifelt wünschte sie sich, nicht die Letzte zu sein. Sie wollte sich nicht einfach nur mit irgendwem begnügen, doch es wurde immer klarer, dass sie kaum eine Wahl hatte.

Welchen Sinn hatte es, ein unverheiratetes jüdisches Mädchen zu sein? Sie wollte nicht wie Miss Halpern enden, die Religionslehrerin in der Schule, deren langes, blasses Gesicht mit jedem Jahr säuerlicher wurde, den unbedeckten Kopf über verschlissene Lehrbücher gebeugt, das Gekicher jener Mädchen ignorierend, die sie unterrichtete; Mädchen, die an der Schwelle zur Frau standen, voller Lebendigkeit angesichts der Hoffnungen und Versprechungen. Also biss Chani die Zähne zusammen und zeigte Ausdauer.

Nach einer Weile hatte sie alle abgelehnt, selbst jene, die Chani wohlgesinnt waren. Käsige Studenten, der plumpe Lehrer oder der melancholische Witwer – sie konnte sich nicht dazu durchringen, ja zu sagen. Alle höchst fromm, alle auf der Suche nach einem guten jiddischen Mädchen, die ihnen *Tscholent* kochte und ihnen am *Schabbes* die Kerzen anzündete. Eine Instantfrau – bloß noch Wasser hinzufügen. Keiner von ihnen interessierte sich dafür, wer sie war.

Abends erforschten Chanis Hände in ihrer unförmigen weißen Unterhose die eigene Nacktheit, und sie genoss den

Duft und erspürte die so verschiedenen Stellen ihres Körpers. Sie drückte und streichelte und spürte das flüchtige, elektrisierende Pochen. Doch all das blieb ihr ein Rätsel.

Unsichtbare Grenzen umgaben sie. Als kleines Mädchen hatte sie ihren altmodischen Rock raffen wollen, um mit Beinchen wie stampfenden Kolben dem Bus hinterherzujagen. Stattdessen wurde sie gelehrt zu gehen, nicht zu rennen, die Arme steif an die Seiten gepresst. Sie hatte sich nach Ausgelassenheit gesehnt, doch ihr wurde beigebracht, ihren Gang zu zügeln.

Mit fünfzehn hatte sie ihre Geschwätzigkeit in der Schule in Schwierigkeiten gebracht. Als Reaktion darauf füllte sie alte Schulhefte mit wütenden Kritzeleien. Man hielt sie für frech, aber talentiert. Ihre Noten wurden besser. Alles interessierte sie – zumindest das wenige, das sie in die Hände bekam. Internet oder Fernsehen gab es weder in der Schule noch zu Hause. »Ein Fernseher ist eine offene Kloake im Wohnzimmer«, knurrte ihr Vater. Nach der Schule drückte sie sich im Brent Cross Shopping Centre vor Dixons herum, fasziniert von den flackernden Bildschirmen und grellen Farben einer Welt, in die sie sich hineinstürzen wollte.

Im Unterricht verschandelte dicker schwarzer Filzstift Shakespeares Texte. Brandneue Ausgaben von *Julius Caesar* waren entweiht worden, hässliche Flecken verbargen die »unangemessene Sprache« darunter. In Kunst, ihrem Lieblingsfach, waren Gauguins Nackte gekonnt kaschiert worden. Da Vincis Zeichnungen sahen aus wie Patchworkdecken. Hinterteile, Brüste und Genitalien zierten weiße Aufkleber.

Einmal war sie dabei erwischt worden, als sie einen der

Sticker abpulte, und wurde zur Direktorin beordert. Niemand wusste genau, wie alt Mrs Sisselbaum war. Es wurde gemeinhin angenommen, sie sei schon uralt auf die Welt gekommen und dann auf ihre winzige Gestalt geschrumpft. Ihre aschblonde Perücke war zur Thatcher-ähnlichen Welle frisiert. Das Haar sah aus, als wäre es auf dem Kopf zu Eis erstarrt. Die riesigen Brillengläser vergrößerten ihre Augen unnatürlich, und sie blickte unverwandt zu Chani auf. Mrs Sisselbaum erinnerte Chani an ein Albinokaninchen. Eine solche Neugier sei widernatürlich für ein jüdisches Mädchen. »Mach das noch mal, und du findest dich auf der Suche nach einer anderen Schule wieder, einer Schule für schamlose Mädchen wie dich.« Mit rebellisch klopfendem Herzen war Chani aus dem Büro geflüchtet. Wenn *HaSchem* die nackte menschliche Gestalt erschaffen hatte, warum verbannte man dann deren Anblick?

Sie lebte unter einer Glasglocke.

Aber schließlich, trotz aller Einwände und Hürden, war es so weit. Schließlich sagte sie ja. Sie kannte ihn nur von den wenigen verkrampften Treffen, bei denen sie sich auf die Zunge gebissen und nur gestelzte Sätze von sich gegeben hatte. Ein nervöser, schlaksiger *Jeschiwa*-Junge, der jedoch überaus freundlich und aufmerksam wirkte. Sie hoffte, dass sich die Glasglocke endlich hob. Oder dass sie sie zumindest mit jemandem teilen konnte.

Über ihren Köpfen ragte der mitternachtsblaue Baldachin empor; seine goldenen Fransen zitterten, als sich das Hochzeitspaar darunter zusammendrängte. Cremefarbene Rosen und Lilien wie Wachsblüten schmückten jede Stange und verströmten einen schweren Duft. Für einen Augenblick hielt sie an seiner Seite inne.

Es fühlte sich seltsam an, so dicht beieinanderzustehen. So nahe waren sie einander noch nie gekommen. Trotzdem berührten sie sich nicht. Noch nicht. Zwischen ihnen lag nur ein Atemhauch. Chani war sich Baruchs physischer Nähe intensiv bewusst. Sie spürte, wie erhitzt und angespannt er unter seinem schwarzen Anzug und dem Gebetsmantel war. Die schwarze Hutkante verbarg sein Gesicht. Seine Füße zuckten, und er klopfte mit der Schuhsohle leicht auf den Boden. Doch er sah sie nicht an. Schon gar nicht direkt. Sie wusste, dass er sie heimlich beobachtete. Hysterie stieg in ihr auf, und ihrem Mundwinkel entwich ein Quieken. Der Rabbi warf ihr mit missbilligend gesträubten Augenbrauen einen warnenden Blick zu.

Im Kreis, im Kreis und weiter im Kreis. Chani umrundete Baruch und zählte im Kopf bis sieben, während sie mit jedem Schritt die Schranken zwischen ihnen zerbrach. Sie erinnerte sich, wie sie beide zusammengezuckt waren, als ihre Finger sich im Foyer des Hotels versehentlich streiften. Der Zucker hatte sich über den ganzen Tisch verteilt. Wie erstarrt, hatte keiner der beiden Anstalten gemacht, das Malheur wieder in Ordnung zu bringen. Beide befolgten das *Schomer Negia* – das Gebot der Keuschheit.

Doch heute Nacht würden die Verbote aufgehoben.

Baruchs Fuß krachte auf das Weinglas. Es zersprang in Scherben, und in der *Schul* verfiel man in lautstarken Freudentaumel. »*Masel tov!*«, brüllte die Gemeinde. Mit einem Ruck hoben die Männer ihn hoch, und in einem rasenden

Tanz wurde er umhergeworfen. Jemand trat ihm auf den Fuß. *»Zimmen tov* und *Masel tov! Masel tov* und *Zimmen tov!«*, riefen sie und stampften. Die Frauen auf der Galerie klatschten. Bärte flatterten, Schultern krachten aneinander, die Männer jauchzten und drehten sich wild um die *Chuppa.* Schneller und schneller wurde der Reigen. Chani war nur noch ein verschwommener weißer Fleck am Rande seines Blickfeldes. Er versuchte, ihren Gesichtsausdruck zu erkennen, wurde jedoch fortgewirbelt. Süßigkeiten prasselten auf sie nieder, von Kindern geworfen, denn das brachte Glück. Etwas traf ihn hinten am Kopf.

Er war zwanzig Jahre alt. Sein Leben verlief in engen Grenzen: der Druck, erfolgreich zu sein, ein Rabbi zu werden, seinem Vater zu gefallen. Seine schnelle Auffassungsgabe wurde an den *Talmud* gekettet. Dass er gern Englisch studieren wollte, blieb als frevlerisches Geheimnis in seinem Herzen vergraben. Er hörte auf seinem iPod Coldplay, während sein Vater glaubte, dass die Weisheiten von Rabbi Shlomo seine Ohren füllten. Unter seiner Matratze lagen verbotene Romane – Dickens, Chandler, Orwell –, doch sie reichten ihm nicht mehr aus. Er fühlte sich kontrolliert – es gab keine Erleichterung, kein Entrinnen.

Eines Abends hatte er nach dem Unterricht die U-Bahn genommen. Ihm gegenüber saß eine Frau. Sie war dick. Ihre Bluse war weit aufgeknöpft und enthüllte zwei Hügel sonnengebräunten Fleisches. Er hob seinen Blick zu der Werbung über ihrem Kopf. Dort prangte ein aufreizendes Mädchen im Bikini. Er wusste nicht, wo er hinschauen sollte. Er murmelte ein Gebet, und trotzdem glitten seine Augen immer wieder zurück zu den goldenen Wölbungen vor ihm, die in ihrer Unvollkommenheit alarmierend real waren. Am Hals der Frau kräuselten sich feine Falten wie Krepppapier. Die Brüste hielten ihn mit einer Urgewalt in ihrem Bann. Er ertrank in der dunklen Spalte dazwischen. Die Bahn ratterte über die Schienen. Die Brüste erbebten. Er bekam einen Steifen. Die Frau starrte ihn an. Er drückte das Gebetbuch über seine Erektion. Die Türen öffneten sich, und er hastete hinaus.

Nachts presste er sein Verlangen in die Matratze. Er hoffte, seine Mutter würde den verschwendeten Samen nicht bemerken, wenn sie die Wäsche wusch. Er hatte versucht, sich zurückzuhalten, indem er Handschuhe anzog und zwei Paar Unterhosen, doch nun waren seine Träume eine verbotene Landschaft aus enormen Brüsten, die sich wie Dünen in der Wüste erhoben. Er war einsam und sehnte sich nach etwas, nach jemandem.

Verheiratet. Zehn Minuten zusammen im *Jichud*-Raum, allein. Plötzlich vermisste Chani das Gedränge weiblicher Körper und das Rascheln von Röcken. Sie wusste weder, was sie tun, noch, was sie sagen sollte, was ungewöhnlich war. Sie versuchte, sich vorzustellen, was die Rebbetzin ihr in dieser Situation raten würde, doch keiner ihrer sanften Sätze kam ihr in den Sinn. Sie hatte zur Galerie der Frauen hochgeschaut. Wo war sie?

Chani konnte Baruch nicht in die Augen sehen. Ihre Freundinnen hatten darüber gekichert, dass diese kurze Pause für die Frischvermählten, direkt nach der Zeremonie, eigentlich dazu da war, es zu tun. Sie wurde starr vor Angst und fragte sich, ob Baruch dasselbe dachte.

Eine Kuchenetagere war aufgestellt worden, Stufe um Stufe glänzten auf Spitzendeckchen Köstlichkeiten aus Blätterteig. Am Fuße standen zwei Flaschen Mineralwasser und zwei Kristallkelche. Weder Chani noch Baruch hatten seit dem vorherigen Tag gegessen oder getrunken. Sie starrten auf die Kuchen. Instinktiv griffen sie nach demselben Stück Mandelkuchen.

»Nein, mach ruhig … Nimm du es. Bitte«, krächzte Baruch.

Chani murmelte einen Dank und einen Segen und nahm einen bescheidenen Bissen. Am liebsten hätte sie alles auf einmal in sich hineingestopft. Sie vermieden Blickkontakt und kauten schweigend.

»Fühlt sich seltsam an, verheiratet zu sein, oder?«

»Mmm.« Sie hatte immer noch den Mund voll.

»Ist es so, wie du es dir vorgestellt hast?«

Heftig schüttelte sie den Kopf. »Ich bin nicht sicher, was ich erwartet habe«, sagte sie. »Es ging so, ähm, schnell.«

»Ja, stimmt. Ich glaube, das geht allen so.«

»Wahrscheinlich.«

»Nun, sie werden jetzt jeden Moment kommen, vielleicht …« Er verstummte und schwieg.

Baruch ahnte, dass er sie küssen sollte, hatte aber keine Ahnung, wie. Er hatte sich sowieso den ganzen Tag nicht die Zähne geputzt, also entschied er sich gegen den Versuch.

Chani spürte, wie sich eine große, knöcherne Hand um die ihre schloss. Sie wünschte, die Hand wäre nicht so schweißnass. Seite an Seite standen sie da und aßen jeder noch ein Stück Kuchen, bis die Tür aufging und sie sich schnell losließen.

ZADIE SMITH

Der Kankurang

Der großartigste Tänzer, den ich je gesehen habe, war der Kankurang. Im Moment selbst wusste ich allerdings nicht, wer oder was das war: eine wild wankende, orangefarbene Gestalt, von der Größe, aber ohne das Gesicht eines Mannes, über und über mit raschelnden, einander überlappenden Blättern bedeckt. Wie ein Baum im flammenden New Yorker Herbst, der sich selbst entwurzelt hat und nun die Straße entlangtanzt. Ein großer Trupp Jungen folgte ihm durch den rötlichen Staub, dahinter eine Phalanx von Frauen mit Palmwedeln in der Hand – die Mütter der Jungen, vermutete ich. Die Frauen sangen und stampften, sie schlugen ihre Palmwedel in die Luft, schritten und tanzten zugleich. Ich saß eingequetscht in einem Taxi, einem abgewrackten Mercedes, gelb, mit einem grünen Streifen in der Mitte. Neben mir auf dem Rücksitz saß Lamin, dazu irgendjemandes Großvater, eine Frau, die ihr schreiendes Baby stillte, zwei junge Mädchen in Schuluniform und ein Koranlehrer aus der Schule. Lamin begegnete dem Chaos gelassen, er blieb sich stets seines Status als Lehramtsanwärter bewusst, hielt die Hände priesterhaft im Schoß gefaltet und machte, mit seiner langen, platten Nase, den breiten Nasenlöchern und den traurigen, leicht gelblich verfärbten Augen, den üblichen Eindruck einer ruhenden

Großkatze. Das Autoradio spielte Reggae von der Heimatinsel meiner Mutter, in einer Irrsinnslautstärke. Doch was uns da entgegenkam, tanzte nach einem Rhythmus, an den selbst Reggae nicht heranreicht. Ein Beat, so schnell und komplex, dass man ernsthaft über ihn nachdenken oder ihn im Körper eines Tänzers ausgedrückt sehen musste, um zu begreifen, was man da eigentlich hörte. Andernfalls hätte man ihn wohl für einen langen, grollenden Basston gehalten. Man hätte geglaubt, es von oben donnern zu hören.

Wer trommelte da? Ich schaute aus dem Fenster und entdeckte drei Männer, die sich, ihre Instrumente zwischen die Knie geklemmt, im Krebsgang voran bewegten, und als sie vor unserem Auto waren, hielt die komplette reisende Tanzgesellschaft in ihrem Vorwärtsdrall inne, pflanzte sich mitten auf der Straße auf und zwang uns zum Halten. Das war zumindest eine Abwechslung nach den vielen Kontrollposten, den mürrischen, milchgesichtigen Soldaten, die ihre Maschinengewehre locker auf Hüfthöhe hielten. Wenn wir für die Soldaten stoppten, oft bis zu zwölf Mal am Tag, verfielen wir in Schweigen. Doch jetzt explodierte das Taxi förmlich unter Reden, Pfiffen und Gelächter, die Schulmädchen griffen durchs Fenster und rüttelten an dem kaputten Türgriff, bis die Tür sich schließlich öffnete und alle, bis auf die stillende Mutter, nach draußen purzelten.

»Was ist das? Was ist hier los?«

Das fragte ich Lamin, schließlich war er mein Fremdenführer, doch er hatte offenbar vergessen, dass es mich überhaupt gab, und erst recht, dass wir zur Fähre wollten, um über den Fluss in die Stadt zu fahren, und dann weiter zum Flughafen, um Aimee in Empfang zu nehmen. Das spielte jetzt alles keine Rolle. Es gab nur die Gegenwart, nur den Tanz. Und Lamin entpuppte sich als Tänzer. Ich merkte das schon an diesem Tag, bevor Aimee ihn überhaupt kennenlernte und lange bevor sie den Tänzer in ihm sah. Ich sah es am Schwung seiner Hüfte, jeder rhythmischen Bewegung seines Kopfes. Die orangefarbene Erscheinung sah ich dagegen nicht mehr, die Menschenmenge zwischen ihr und mir war so groß, dass ich sie nur noch hörte: das Stampfen ihrer Füße auf dem Boden, das raue Scheppern von Metall auf Metall und einen durchdringenden Schrei wie aus einer anderen Welt, dem die Frauen singend antworteten, während sie ebenfalls weitertanzten. Ich tanzte unwillkürlich mit, so nah an so vielen zuckenden Körpern. Immer wieder stellte ich die Fragen – »Was ist das? Was ist hier los?« –, doch das Englische, die sogenannte »Amtsprache«, dieser schwere, formelle Mantel, den die Leute ohnehin nur in meiner Gegenwart und auch dann sichtlich gelangweilt und unter Mühen überstreiften, lag längst am Boden, alle tanzten darauf herum, und ich dachte, nicht zum ersten Mal in dieser ersten Woche, an die Anpassungen, die Aimee bevorstanden, wenn sie endlich hier wäre und erlebte, was ich bereits erlebt hatte: den Abgrund zwischen einer »Machbarkeitsstudie« und dem Leben, wie es sich auf der Straße und der Fähre darstellte, im Dorf und in der Stadt, in den Menschen und ihren vielen Sprachen, im Essen, in den Geschichten, im Meer, im Mond und in den Sternen.

Einige Leute kletterten auf den Wagen, um besser sehen zu können. Ich sah mich nach Lamin um und entdeckte ihn bei dem Versuch, auf die Motorhaube zu klettern. Jetzt zerstreute sich die Menge, unter Lachen, Kreischen und Rennen, ich dachte erst, jemand hätte einen Feuerwerkskörper gezündet. Ein Grüppchen Frauen floh nach links, und dann sah ich auch, warum: Der Kankurang schwang zwei armlange Macheten. »Kommen Sie!«, rief Lamin und streckte mir die Hand entgegen, und ich zog mich zu ihm hinauf, klammerte mich an seinem weißen Hemd fest, um nicht das Gleichgewicht zu verlieren, während er weitertanzte. Ich schaute auf das Getümmel hinunter. Und ich dachte: Da ist sie, die Freude, nach der ich schon mein Leben lang suche.

Direkt über mir saß eine alte Frau ganz adrett auf dem Dach unseres Wagens und aß Erdnüsse aus einer Tüte, sie sah aus wie eine jamaikanische Dame, die im Lord's-Stadion ein Kricketspiel verfolgt. Als sie mich sah, winkte sie mir zu: »Guten Morgen, wie geht es Ihnen heute Morgen?« Der gleiche höflich-mechanische Gruß, der mir durch das Dorf folgte, egal, was ich anhatte, egal, mit wem ich unterwegs war, und den ich inzwischen als Zugeständnis an mein Fremdsein verstand, das überall für jeden offensichtlich war. Sie lächelte milde auf die wirbelnden Macheten herab, auf die Jungen, die sich gegenseitig anstachelten, sich dem tanzenden Baum zu nähern, seine wilden Bewegungen aufzugreifen – und dabei die kreisenden Klingen zu umschiffen –, mit dem eigenen schmächtigen Körper das konvulsivische Stampfen, die Drehungen, das Kauern, die hohen Kicks und die gesamte Rhythmuseuphorie nachzuahmen, die von der Gestalt in alle Winkel des Horizonts abstrahlte, auf die Frauen, auf Lamin, auf mich, auf jeden, den ich sah, während das Auto unter uns schlingerte und bebte. Sie deutete auf den Kankurang. »Das ist ein Tänzer«, erklärte sie.

Ein Tänzer, der die Jungen holen kommt. Der sie in den Busch führt, wo sie beschnitten und in ihre Kultur eingeweiht werden, die Regeln und Grenzen kennenlernen, die heiligen Traditionen der Welt, in der sie leben werden, die Namen der Pflanzen, die gegen diese und jene Krankheit helfen, und ihre Anwendung. Der als Schwelle zwischen Jugend und Reife dient, die bösen Geister abwehrt und Ordnung und Recht und Fortbestand zwischen und in seinem Volk garantiert. Er ist der Anführer, der die Heranwachsenden durch den schwierigen Übergang geleitet, von der Kindheit ins Jugendalter, und gleichzeitig ist auch er einfach nur ein namenloser junger Mann, der unter höchster Geheimhaltung von den Ältesten ausgewählt, in die Blätter des Kamelfußbaums gehüllt und mit Pflanzenfarben bemalt wird. All das erfuhr ich aber erst von meinem Handy, als ich wieder in New York war. Ich versuchte auch vorher schon, meinen Fremdenführer danach zu fragen, was das alles bedeutete, wie es zur ortsüblichen islamischen Praxis passte oder von ihr abwich, doch er konnte mich durch die Musik nicht hören. Oder wollte mich nicht hören. Etwas später, als der Kankurang weitergezogen war und wir uns alle wieder ins Taxi gequetscht hatten, verstärkt durch zwei der tanzenden Jungen, die sich, klebrig vom Schweiß ihrer Anstrengungen, quer über unsere Beine legten, versuchte ich es noch einmal. Doch ich merkte, dass meine Fragen alle nervten, und inzwischen war die Euphorie auch wieder verflogen. Die bleischwere Förmlichkeit, die Lamin in jeden Austausch mit mir einbrachte, war zurück. »Eine Mandingo-Tradition«, sagte er und wandte sich dann wieder dem Fahrer und den anderen Fahrgästen zu, um mit ihnen zu lachen und zu zanken und über Dinge zu reden, die ich nicht mal erahnen konnte, in einer Sprache, die ich nicht beherrschte. Wir fuhren weiter. Ich dachte über die Mädchen nach. Wer holt die Mädchen? Wenn nicht der Kankurang, wer dann? Die Mütter? Die Großmütter? Eine Freundin?

ZELDA FITZGERALD

Ballettkarriere

Die hohen Fenster des neuen Studios im Russischen Konservatorium schliffen das Licht zu Facetten eines Diamanten.

Alabama stand allein mit ihrem Körper in eisigen Gefilden, allein mit sich und ihren greifbaren Gedanken, wie eine Witwe, umgeben von vielen Objekten, die der Vergangenheit angehören. Ihre langen Beine lugten unter dem Tutu hervor – eine Reiterstatue auf dem Rücken des Monds.

»*Khorosho*«, sagte die Ballettmeisterin, ein gutturaler Ausdruck, der den Klang von Donner und Blitz über der Steppe heraufbeschwor. Das russische Gesicht war ein bleiches Prisma, eine matte Sonne auf einem Eisblock. Auf der Stirn zeichneten sich blaue Adern ab wie bei einer Herzkranken, aber sie war nicht krank, abgesehen von einer gewissen geistigen Abwesenheit. Ihr Leben war hart. Das Mittagessen brachte sie in einem Köfferchen mit ins Studio: Käse und einen Apfel sowie eine Thermosflasche mit kaltem Tee. Dann saß sie auf den Stufen des Podiums und starrte durch die düsteren Takte eines Adagio ins Leere.

Alabama näherte sich der in ihrer Vision versunkenen Gestalt. Sie trug ihren Körper vor sich her und hatte ihn so ruhig und fest im Griff wie eine Lanze. Ein angestrengtes Lächeln huschte über ihr gequältes Gesicht – Lust muss beim Tanzen schwer erkämpft werden. Hals und Brust waren rotfleckig und erhitzt; die runden, kräftigen Schultern erhoben sich über den dünnen Armen wie ein schweres Joch. Sanft blickte sie auf die blasse Dame herab.

»Was sehen Sie da in der Luft?«

Eine Aura grenzenloser Zärtlichkeit und Entsagung umgab die Russin.

»Formen, mein Kind. Umrisse von Dingen.«

»Sind sie schön?«

»Ja.«

»Dann will ich sie tanzen.«

»Einverstanden, aber achten Sie auf das Konzept. Die Schritte setzen Sie gut, aber Sie halten sich nie an die Choreographie. Ohne sie aber kann man nichts ausdrücken.«

»Sie werden schon sehen, dass ich es kann.«

»Dann los. Es ist meine erste Rolle, *chérie*.«

Alabama unterwarf sich der langsamen Würde dieses selbstlosen Rituals, der wollüstigen Geißelung der russischen Mollakkorde. Langsam bewegte sie sich zum Adagio aus *Schwanensee*.

»Halt, warten Sie!«

Ihr Blick blieb an dem bleichen, transparenten Gesicht im Spiegel hängen. Ein Lächeln traf auf das andere und zersplitterte.

»Ich werde es schaffen, und wenn ich mir ein Bein brechen muss«, sagte sie und begann noch einmal von vorn.

Die Russin zog sich den Schal fester um die Schultern. Aus ihrer mystischen Versenkung heraus sagte sie zögernd, ohne rechte Überzeugung: »Das ist es nicht wert – dann könnten Sie nicht mehr tanzen.«

»Nein«, stimmte Alabama zu. »Das ist es nicht wert.«

»Sie werden es schon richtig machen, Kleines«, seufzte die greise Ballerina.

»Versuchen wir es.«

Das neue Studio war anders. Kleiner als das vorherige, und Madame gab weniger Lektionen umsonst. In der Garderobe hatte man keinen Platz, um *changements* zu üben. Die Kostüme waren sauberer, denn man konnte sie nicht einfach zum Trocknen hängen lassen. Die Klassen waren voller englischer Tänzerinnen, die noch glaubten, dass es möglich sei, zu leben und gleichzeitig zu tanzen. Sie erfüllten den Vorraum mit allerlei Geschichten von Bootsfahrten auf der Seine und Abendgesellschaften auf dem Montparnasse.

Im Nachmittagsunterricht war es grässlich. Dunkler Nebel vom Bahnhof hing schwer über dem Oberlicht des Studios, und außerdem kamen zu viele Männer. Ein schwarzer, klassischer Tänzer aus den Folies Bergère tauchte an der Stange auf. Er hatte eine fabelhafte Figur, aber die Mädchen lachten. Sie lachten auch über Alexandre mit dem intellektuellen Gesicht und der Brille. Als er noch beim Militär gewesen war, hatte er im Ballett von Moskau seine eigene Loge gehabt. Sie lachten über Boris, der im Café nebenan erst seine zehn Tropfen Laudanum einnehmen musste, bevor er zum Unterricht erschien, oder über Schiller, weil er schon alt und sein Gesicht von der vielen Schminke so aufgedunsen war wie das eines Barkeepers oder eines Clowns. Sie lachten über Danton, der auf Spitzen tanzen konnte, obgleich er versuchte, sich nicht anmerken zu lassen, wie großartig er aussah. Sie lachten über alle außer Lorenz –

über ihn konnte man nicht lachen. Er hatte das Gesicht eines Fauns aus dem achtzehnten Jahrhundert, und seine Muskeln wölbten sich stolz und vollkommen. Man sah zu, wie sein gebräunter Körper die Takte einer Mazurka von Chopin ausschöpfte, und fühlte sich von der Essenz all dessen durchdrungen, was dem Leben einen Sinn gab. Er war schüchtern und liebenswürdig, obwohl er der hinreißendste Tänzer der Welt war, und manchmal setzte er sich nach dem Unterricht mit den Mädchen zusammen, trank Kaffee aus einem Glas und aß durchgeweichte russische Mohnbrötchen dazu. Er begriff die elegante geistige Unabhängigkeit eines Mozart ebenso wie den Wahn, gegen den das menschliche Bewusstsein schon früh diejenigen zu impfen weiß, die auf dem Boden der Realität bleiben müssen. Die *Bagatelle* eines Beethoven waren ein Kinderspiel für Lorenz; gleichzeitig hatte er es nicht nötig, die rasenden Drehungen moderner Komponisten mitzuzählen. Er behauptete, zu Schumann könne man nicht tanzen, und tatsächlich hinkte er dem Takt entweder hinterher oder war ihm voraus und zerschlug die romantischen Kadenzen bis zur Unkenntlichkeit. Für Alabama war er der Inbegriff der Vollkommenheit.

Arienne kaufte sich mit ihrer koboldharten Boshaftigkeit und einer makellosen Technik von allem Gelächter frei.

Wenn jemand sagte: »Was für ein Wind!«, lautete die Antwort: »Das ist Arienne bei einer Pirouette.«

Ihr Lieblingsmusiker war Liszt. Sie spielte ihren Körper, als wäre er ein Xylophon. Außerdem hatte sie sich unentbehrlich gemacht. Wenn Madame zehn oder mehr aufeinanderfolgende Schritte verlangte, konnte nur Arienne sie vorführen. Ihr gestreckter Spann und die Spitzen ihrer Ballettschuhe zerhackten die Luft wie das Spitzeisen eines Bildhauers, doch für ihre stämmigen Arme war das Unendliche unerreichbar, sie waren geschrumpft unter der Last ihrer Kraft und zu vieler Muskeln. Gern erzählte sie, wie einmal bei einer Operation die Ärzte zusammengeströmt waren, um die Anatomie ihrer Rückenmuskulatur zu bestaunen.

»Du hast wirklich große Fortschritte gemacht«, sagten die anderen Tänzerinnen zu Alabama, wenn sie sich zu Beginn des Unterrichts vor ihr aufstellten.

»Macht einen Platz für Alabama frei«, ging Madame dazwischen.

Jeden Abend übte sie vierhundert *battements.*

Tag für Tag teilten sich Arienne und Alabama die Kosten für ein Taxi bis zur Place de la Concorde. Arienne bestand darauf, Alabama zum Mittagessen zu sich nach Hause einzuladen.

»Du nimmst mich so oft mit«, sagte sie. »Und ich mag nicht bei anderen in der Kreide stehen.«

Was die beiden zusammenhielt, war der Wunsch, herauszufinden, was sie so eifersüchtig aufeinander machte. Ihr untergründiger Widerwille gegen die Disziplin jedenfalls einte sie in ihrer ungestümen Komplizenschaft.

»Du musst unbedingt meine Hunde kennenlernen«, sagte Arienne. »Einer ist Dichter und der andere sehr gut erzogen.«

Auf kleinen Tischen standen Farne, die in der Sonne silbrig schimmerten, und viele gerahmte und mit Autogrammen versehene Fotos.

»Von Madame habe ich keins.«

»Vielleicht schenkt sie uns eins.«

»Wir könnten sie von dem Fotografen kaufen, der bei ihrem letzten Auftritt im Ballett Aufnahmen gemacht hat«, schlug Arienne vor, obwohl das streng verboten war.

Madame war böse und geschmeichelt zugleich, als sie mit den Fotos im Studio auftauchten.

»Ich kann euch bessere geben«, sagte sie.

Alabama schenkte sie ein Bild von sich aus *Carnaval* in einem weiten getüpelten Kleid, dessen Rock sie auseinanderhielt wie Schmetterlingsflügel. Madames Hände verblüfften Alabama immer wieder. Sie waren keineswegs lang und schmal, im Gegenteil: Sie hatten etwas Stummelartiges. Arienne bekam ihr Foto nie, missgönnte Alabama das ihre und wurde noch eifersüchtiger als zuvor.

Eines Tages veranstaltete Madame eine Einweihungsparty im Studio. Sie tranken viele Flaschen süßen Champagner, den die Russen mitgebracht hatten, und aßen klebrigen russischen Kuchen. Alabama stiftete zwei Magnumflaschen Pol Roger Brut, doch der Fürst, Madames Gatte, war in Paris erzogen worden und nahm sie mit nach Hause, um sie selbst zu trinken.

Alabama war übel von dem vielen süßen Zeug – und der Fürst bekam Befehl, sie im Taxi nach Hause zu bringen.

»Ich rieche überall Maiglöckchen«, sagte sie. Benebelt von Hitze und Wein klammerte sie sich an die Halteschlaufe und hoffe, sich nicht übergeben zu müssen.

»Sie arbeiten zu viel«, sagte der Prinz.

Sein Gesicht wirkte hager im vorbeihuschenden Licht der Straßenlaternen. Gerüchten zufolge unterhielt er mit dem Geld, das er von Madame bekam, eine Geliebte. Die Pianistin unterhielt ihren kranken Mann – fast jeder unterhielt irgendwen. Alabama konnte sich kaum noch an eine Zeit erinnern, in der sie sich daran gestoßen hatte. Es gehörte einfach zu den Anforderungen des Lebens.

David behauptete, er werde ihr helfen, eine gute Tänzerin zu werden, glaubte aber nicht daran, dass sie es schaffen würde. Mittlerweile hatte er eine ganze Reihe Freunde in Paris. Wenn er aus dem Atelier nach Hause kam, brachte er fast immer jemanden mit. Sie gingen zum Essen aus und saßen zwischen den Radierungen von Montagné, umgeben von Leder und Buntglasfenstern im Foyot oder von Plüsch und Blumensträußen in den Restaurants rings um die Place de l'Opéra. Wenn sie David drängte, früh nach Hause zu gehen, wurde er böse.

»Mit welchem Recht beschwerst du dich? Du hast dich mit dem verdammten Ballett von all deinen Freunden zurückgezogen.«

Mit seinen Freunden tranken sie Chartreuse auf den Boulevards unter Rosenquarzlampen und unter Bäumen, die wie Federfächer ergebener Kurtisanen über den nächtlichen Straßen hin- und herschwangen.

Alabamas Arbeit wurde immer schwieriger. Im Gewirr des gebieterischen *fouetté* fühlten sich ihre Beine wie baumelnde Schinken an; im raschen Schwung des *entrechat cinq* sah sie ihre Brüste hängen wie leere Euter. Im Spiegel zeigte sich nichts davon. Sie bestand nur noch aus Sehnen. Erfolg zu haben wurde zu einer Obsession. Sie rackerte sich ab, bis sie sich vorkam wie ein aufgeschlitztes Pferd in der Stierkampfarena, das seine Eingeweide hinter sich herschleift.

Ohne eine ordnende Hand, die für einen harmonischen Ablauf sorgte, zerfiel der Haushalt in lauter frustrierende Einzelteile. Ehe Alabama morgens das Haus verließ, gab sie der Köchin Anweisungen fürs Mittagessen, die diese allerdings vollkommen ignorierte. Sie bewahrte die Butter im Kohlenverschlag auf, kochte jeden Tag Kaninchen für Adage und setzte der Familie vor, was ihr gerade passte. Aber es hatte gar keinen Zweck, sich jemand anderes suchen zu wollen, und das Apartment taugte auch nichts. Das Familienleben beschränkte sich auf das Nebeneinander mehrerer Individuen unter einem Dach; es gab keinerlei gemeinsame Interessen.

Bonnie hielt ihre Eltern für so etwas Ähnliches wie den Weihnachtsmann: erfreulich, aber unberechenbar. Abgesehen davon, dass Mademoiselle über sie schimpfte, spielten sie keine Rolle in ihrem Leben.

Mademoiselle ging mit Bonnie in den Jardin du Luxembourg, wo die Kleine mit ihren kurzen weißen Handschuhen und dem Reifen, den sie zwischen Beeten voller goldener Zinnien und Geranien entlangtrieb, sehr französisch wirkte. Sie wurde rasch größer. Alabama hätte sie gern zum Ballettunterricht angemeldet, denn Madame hatte versprochen, sie am Anfang persönlich einzuführen, wenn sie die Zeit dafür fand. Doch Bonnie erklärte, sie wolle gar nicht tanzen, eine Aversion, die Alabama als völlig unverständlich bezeichnete. Bonnie erzählte, dass Mademoiselle in den Tuilerien mit einem Chauffeur spazieren ging. Mademoiselle machte klar, dass es unter ihrer Würde war, sich gegen eine solche Unterstellung zu verteidigen. Die Köchin behauptete, das Haar in der Suppe stammte von dem schwarzen Schnurrbart des Hausmädchens, Marguerite. Adages Futternapf stand auf einem mit Seide bezogenen Canapé. David fand die Wohnung unerträglich: Die Leute von oben spielten um neun Uhr morgens »Punchinello« auf ihrem Grammophon und rissen ihn aus dem Schlaf. Alabama verbrachte immer mehr Zeit im Studio.

Endlich nahm Madame Bonnie als Schülerin an. Für die Mutter war es sehr aufregend, zu sehen, wie Bonnies Ärmchen und Beinchen ernsthaft den schwungvollen Bewegungen der Tänzerin folgten. Die neue Mademoiselle war für einen englischen Herzog tätig gewesen. Sie gab zu bedenken, dass die Atmosphäre im Studio nicht das Richtige für die Kleine sei. Das lag vor allem daran, dass sie kein Russisch sprach. Sie hielt die Tänzerinnen für Teufelsweiber, die in einer fremdsprachigen Kakophonie durcheinanderplapperten und vor dem Spiegel obszöne Posen einübten. Die neue Mademoiselle hatte nicht gerade starke Nerven. Madame erklärte, Bonnie scheine kein großes Talent zu besitzen, allerdings sei es noch zu früh für ein abschließendes Urteil.

Eines Morgens kam Alabama besonders früh zum Unterricht. Vor neun Uhr morgens gleicht Paris einer Tuschezeichnung. Um dem starken Verkehr auf dem Boulevard des Batignolles auszuweichen, hatte sie an diesem Tag die Metro ausprobiert. Dort stank es nach Bratkartoffeln, und sie glitt auf einem Speichelklumpen auf der feuchten Treppe aus. Außerdem hatte sie Angst, dass man ihr im Gedränge auf die Füße trampeln würde. Stella erwartete sie tränenüberströmt im Vorraum.

»Du musst meine Rolle übernehmen«, sagte sie. »Arienne hat nichts anderes im Kopf, als mich zu schikanieren. Ich bessere ihre Schuhe aus und klebe ihre Notenblätter zusammen, und Madame hatte mir angeboten, ein bisschen Geld nebenher zu verdienen, indem ich während ihrer Stunden spiele, aber sie hat es abgelehnt.«

Arienne stand im Dunkeln über ihren Strohkoffer gebeugt und packte.

»Ich werde nicht mehr hier tanzen«, erklärte sie. »Madame hat Zeit für Kinder, Zeit für Amateure, Zeit für jedermann, aber Arienne Jeanneret darf erst üben, wenn keine anständige Pianistin mehr zur Verfügung steht.«

»Ich tue mein Bestes. Du brauchst es nur zu sagen«, schluchzte Stella.

»Genau das mache ich gerade. Du bist ein nettes Ding, aber du spielst Klavier wie ein *cochon*!«

»Wenn du doch nur erklären würdest, was du willst«, flehte Stella. Es war entsetzlich, ihr von Angst und Tränen gerötetes und aufgequollenes Zwergengesicht anzusehen.

»Das tue ich ja. Ich bin Künstlerin, nicht Klavierlehrerin. Arienne geht, damit Madame mit ihrem Kindergarten weitermachen kann.« Jetzt weinte auch sie, allerdings vor Zorn.

»Wenn hier überhaupt jemand geht, dann bin ich es, Arienne«, mischte sich Alabama ein. »Und du kannst deine gewohnte Stunde wiederhaben.«

Arienne wandte sich zu ihr um.

»Ich habe Madame erklärt, dass ich nicht abends nach den Proben arbeiten kann. Meine Stunden kosten eine Menge Geld; ich kann sie mir nur leisten, wenn ich hier auch Fortschritte mache. Ich zahle dasselbe wie du«, schluchzte sie und starrte Alabama herausfordernd an.

»*Ich* muss nämlich von meiner Arbeit leben«, sagte sie verächtlich.

»Jeder muss irgendwann anfangen, auch Kinder«, gab Alabama zurück. »Das hast du selbst gesagt – bei unserer allerersten Begegnung.«

»Richtig. Aber dann sollen sie anfangen wie alle anderen auch, bei weniger berühmten Lehrern.«

»Ich teile meine Stunden mit Bonnie«, sagte Alabama schließlich. »Du jedenfalls musst bleiben.«

»Das ist sehr nett von dir!« Jetzt lachte Arienne plötzlich wieder. »Madame ist eine schwache Frau – immer auf der Suche nach etwas Neuem«, sagte sie. »Also schön, dann bleibe ich, jedenfalls vorläufig.«

Damit gab sie Alabama impulsiv einen Kuss auf die Nasenspitze.

Bonnie protestierte gegen ihren Unterricht. Sie nahm drei Stunden von Madames Zeit pro Woche in Anspruch. Madame war ganz vernarrt in das Kind. Doch alle privaten Gefühlsregungen musste sie in die Pausen quetschen, denn ihre Unterrichtsstunden nahmen einfach kein Ende. Sie brachte Bonnie Obst oder Katzenzungen mit und gab sich große Mühe mit der korrekten Fußstellung. Ihre ganze Zuneigung konzentrierte sich jetzt auf Bonnie. Beim Tanz selbst aber ging es strenger zu, dort war kein Platz für sentimentale Anwandlungen. Das kleine Mädchen bewegte sich nur noch in Sprüngen und *pas de bourrée* durch die Wohnung.

»Mein Gott«, stöhnte David. »Eine in der Familie reicht. Ich halte das nicht aus.«

David und Alabama gingen auf dem muffigen Flur hastig

aneinander vorbei und saßen sich beim Essen gegenüber wie zwei Widersacher, die auf irgendeine feindselige Geste der anderen Seite warteten.

»Wenn du nicht sofort mit dem Gesumme aufhörst, gehe ich die Wände hoch, Alabama.« Vermutlich konnte es einem tatsächlich auf die Nerven gehen, wie sich die Musik des Tages in ihrem Kopf festsetzte. Aber etwas anderes gab es für sie nicht. Madame hatte ihr gesagt, dass sie nicht musikalisch sei. Für Alabama war Musik etwas Bildhaftes, Plastisches – manchmal verwandelte der Klang sie in einen Faun in dämmrigen Gefilden, die noch keine lebende Seele betreten hatte, dann wieder in eine einsame Statue, die vergessenen Göttern geweiht und an einem verlassenen Strand von Wellen umspült wurde – eine Prometheusstatue.

Im Studio wimmelte es von aufstrebenden Stars. Arienne absolvierte die Abschlussprüfung an der Opéra als Erste aus der Klasse. Ihr Erfolg färbte auf das ganze Studio ab. Sie brachte eine kleine Gruppe von Französinnen in die Klasse, die wie von Degas gemalt aussahen – so kokett in ihren langen Ballettröcken und rückenfreien Oberteilen. Sie besprühten sich mit Parfum und behaupteten, vom Gestank der Russinnen würde ihnen schlecht. Die Russinnen beschwerten sich bei Madame, dass sie mit dem französischen Moschusgeruch in der Nase keine Luft bekämen. Madame besprenkelte den Fußboden mit Zitronenöl und Wasser, um alle zu besänftigen.

»Ich soll vor dem französischen Präsidenten tanzen!«, jubelte Arienne eines Tages. »Endlich fängt man an, La Jeanneret zur Kenntnis zu nehmen, Alabama.«

Diese konnte einen Stich von Eifersucht nicht unterdrücken. Sie freute sich für Arienne; die junge Frau hatte hart gearbeitet und lebte für nichts anderes als den Tanz. Trotzdem wünschte sie, an ihrer Stelle sein zu können.

»So muss ich also auf meine kleinen Kuchen und den Cap Corse verzichten und drei Wochen lang wie eine Heilige leben. Ehe ich damit anfange, möchte ich noch eine kleine Party geben, allerdings wird Madame nicht kommen. Mit dir geht sie essen, mit Arienne will sie nicht ausgehen. Wenn ich sie frage, warum, antwortet sie: ›Aber das ist doch etwas ganz anderes, du hast kein Geld.‹ Eines Tages werde ich Geld haben.«

Sie warf Alabama einen Blick zu, als erwartete sie Widerspruch. Doch Alabama hatte keine Meinung zu diesem Thema.

Eine Woche vor Ariennes Auftritt berief die Opéra eine Probe ein, die genau in die Zeit ihres Unterrichts bei Madame fiel.

»Dann tausche ich jetzt mit Alabama«, schlug sie vor.

»Wenn sie einverstanden ist«, nickte Madame. »Für eine Woche.«

Alabama aber konnte um sechs Uhr nachmittags nicht zum Unterricht kommen. Das hätte bedeutet, dass David allein aß und sie nicht vor acht Uhr zu Hause wäre. Ohnehin verbrachte sie den größten Teil des Tages im Studio.

»Dann geht es eben nicht«, erklärte Madame.

Arienne tobte. Sie stand unter einer schrecklichen Nervenanspannung und musste ihre Kräfte zwischen Oper und Studio einteilen.

»Dieses Mal gehe ich endgültig! Ich werde schon jemanden finden, der mich zu einer großen Tänzerin macht«, drohte sie.

Madame lächelte bloß.

Alabama wollte Arienne gegenüber nicht nachgeben. Sie arbeiteten in einer Atmosphäre von gegenseitiger Hassliebe.

Professionelle Freundschaft hielt einer eingehenden Prüfung nicht stand. Am besten blieb jede für sich und interpretierte die Dinge so, wie sie ihren persönlichen Vorlieben entsprachen; das war Alabamas Einstellung.

Arienne war störrisch. Was nichts mit ihrem eigenen Fach zu tun hatte, war in der Klasse für sie ab sofort tabu. Tränenüberströmt saß sie auf den Stufen des Podiums und starrte in den Spiegel. Tänzer sind sensible, fast primitive Geschöpfe, deshalb wirkte sich ihr Verhalten demoralisierend auf die anderen aus.

Mit der Zeit füllten sich die Klassen mit neuen Schülern. Das Rubinstein-Ballett probte, und die Mitwirkenden wurden so gut bezahlt, dass sie sich wieder Stunden bei Madame leisten konnten. Tänzerinnen aus der aufgelösten Pawlowa-Truppe, die in Südamerika gewesen war, landeten nach und nach wieder in Paris – doch ihr von Kraft und Technik geprägter Stil entsprach nicht unbedingt Ariennes Vorstellung. Sie hasste es, wenn die Choreographie den Körper einengte und Stück für Stück den fordernden Tenören von Schumann und Glinka auslieferte. Sie selbst vergaß sich nur im mitreißenden Gepolter eines Liszt oder dem Melodrama eines Leoncavallo.

»Ich werde dieses Studio verlassen«, sagte sie zu Alabama. »Nächste Woche.« Ariennes Mund bildete eine harte

Linie. »Madame ist verrückt. Sie opfert meine Karriere, ohne dass sie etwas davon hätte, für nichts. Aber es gibt auch noch andere.«

»Auf diese Weise bringst du es nie zu einer der ganz Großen, Arienne«, mahnte Madame. »Du brauchst dringend Erholung.«

»Hier gibt es für mich nichts mehr zu tun; es ist besser, wenn ich gehe«, antwortete Arienne.

Vor dem frühmorgendlichen Unterricht aßen die Tänzerinnen höchstens eine Brezel – das Studio lag so weit weg von da, wo sie wohnten, dass sie keine Zeit zum Frühstücken hatten, und deshalb waren alle gereizt. Die Wintersonne brach in grünlich gelben Balken durch den Nebel, und die grauen Gebäude um die Place de la République umgaben sich mit der Aura einer ungeheizten Kaserne.

Madame forderte Alabama auf, mit Arienne eine sehr schwierige Schrittfolge zu üben, bevor die anderen eintrafen. Arienne war eine ausgebildete Ballerina. Alabama wusste, wie sehr es ihr an der geschliffenen Eleganz mangelte, die den Tanz der Französin auszeichnete. Wenn sie zusammen auf der Bühne standen, umfassten die Kombinationen eher Schrittfolgen für Arienne als jene lyrischen Figuren, in denen Alabama brillierte. Trotzdem beschwerte sich Arienne regelmäßig, dass sie nichts für sie wären. Anderen gegenüber bezeichnete sie Alabama als Eindringling.

Alabama kaufte Madame Blumen, die in der feuchten Luft des überhitzten Studios rasch welkten und verschrumpelten. Da die Räume einladender waren, kamen auch mehr Zuschauer. Eines Tages erschien ein Kritiker aus dem Kaiserlichen Ballett zu einer von Alabamas Unterrichtsstunden. Eindrucksvoll in seiner längst vergangenen Förmlichkeit verabschiedete er sich am Ende der Stunde mit einem Schwall antiquierter russischer Höflichkeitsfloskeln.

»Was hat er gesagt?«, fragte Alabama, als sie wieder allein waren. »Ich habe gepatzt – jetzt hält er Sie bestimmt für eine schlechte Lehrerin.« Madames Mangel an Enthusiasmus deprimierte sie: Der Mann war der wichtigste Kritiker in ganz Europa.

Madame betrachtete sie verträumt. »Monsieur weiß ganz genau, was für eine Art von Lehrerin ich bin.« Mehr sagte sie nicht.

Nach ein paar Tagen kam folgende Nachricht:

Auf Anraten von Monsieur … mache ich Ihnen hiermit das Angebot eines Solo-Debüts am Teatro San Carlo von Neapel. Es handelt sich um eine kleine Rolle im Faust, aber weitere werden folgen. In Neapel gibt es Pensionen, in denen man für dreißig Lire die Wochen komfortabel unterkommen kann.

Alabama war klar, dass David, Bonnie und Mademoiselle nicht in einer Pension leben konnten, die dreißig Lire am Tag kostete. David konnte überhaupt nicht in Neapel leben – er hatte es einmal als Postkartenidylle bezeichnet. Für Bonnie fehlte eine französische Schule. In Neapel war nichts anderes zu erwarten als Korallenketten, Fieber, schmutzige Wohnungen und das Ballett.

Ich darf mich nicht aufregen, sagte sie sich. Ich muss arbeiten.

»Werden Sie annehmen?«, fragte Madame erwartungsvoll.

»Nein. Ich werde hierbleiben, und Sie müssen mir helfen, *La Chatte* zu tanzen.«

Madame ließ sich nichts anmerken. Als Alabama ihr auf der Suche nach irgendeiner Reaktion in die abgrundtiefen Augen sah, war ihr, als ginge sie an einem heißen Augusttag über einen Streifen glühender Kieselsteine, ohne Schatten, ohne Bäume.

»Es ist sehr schwer, ein Debüt zu bekommen«, sagte Madame. »Ein solches Angebot darf man auf keinen Fall ablehnen.«

David fand, dass das Schreiben etwas allzu Beiläufiges hatte. »Es geht nicht«, sagte er. »Wir müssen in diesem Frühjahr nach Hause zurückkehren. Unsere Eltern sind alt, und wir haben es letztes Jahr versprochen.«

»Ich bin auch alt.«

»Wir haben unsere Verpflichtungen«, beharrte er.

Alabama war das mittlerweile egal. David ist ein viel besserer Mensch als ich, wenn es darum geht, andere nicht zu verletzen, dachte sie.

»Ich will nicht nach Amerika zurück«, erklärte sie.

Arienne und Alabama zogen einander gnadenlos auf. Sie arbeiteten härter und konsequenter als die anderen. Wenn sie zu müde waren, um sich nach dem Unterricht noch umzuziehen, setzten sie sich auf den Boden der Garderobe, lachten hysterisch und schlugen mit in Eau de Cologne oder Madames Zitronenwasser getränkten Handtüchern nacheinander.

»Und im Übrigen denke ich –«, setzte Alabama an.

»*Tiens!*«, kreischte Arienne. »*Mon enfant* beginnt zu denken. Aaah! Aber es ist ein Fehler, *ma fille*, so viel zu denken. Geh lieber nach Hause und stopf deinem Mann die Socken.«

»*Méchante*«, gab Alabama zurück. »Ich werde dir beibringen, was es heißt, sich über andere lustig zu machen!« Damit ließ sie das nasse Handtuch auf Ariennes straffen Hintern klatschen.

»Mach mal Platz! Wie soll ich mich umziehen, so nahe an dieser *polissonne*«, gab Arienne zurück. Dann wandte sie sich ernst zu Alabama um und betrachtete sie zweifelnd. »Ich meine es ernst – ich habe überhaupt keinen Platz mehr, seit du die Garderobe mit deinen ausgefallenen Tutus vollgestopft hast. Ich kann ja nicht mal meine armseligen Wollsachen aufhängen.«

»Hier hast du ein neues Tutu! Ich schenke es dir.«

»Grün trage ich nicht. In Frankreich bringt es Unglück«, gab Arienne eingeschnappt zurück. »Wenn ich einen Mann hätte, der alles bezahlt, könnte ich mir selbst welche kaufen«, schob sie schlecht gelaunt hinterher.

»Was geht es dich an, wer sie bezahlt? Oder ist das alles, worüber die Mäzene aus den ersten drei Reihen mit dir reden können?«

Arienne schubste Alabama in eine Gruppe nackter Mädchen. Irgendwer stieß sie hastig wieder zurück gegen die herumwirbelnde Arienne. Das Eau de Cologne ergoss sich über den Fußboden und raubte ihnen den Atem. Ein nasser Handtuchzipfel landete in Alabamas Auge. Als sie unsicher die Hände ausstreckte, flog sie gegen Ariennes heißen, schweißnassen Körper.

»Das fehlte noch!«, kreischte Arienne los. »Sieh nur, was du angerichtet hast. Ich gehe auf der Stelle zur Polizei und lasse es dokumentieren.« Schluchzend überschüttete sie Alabama mit einer Flut von Schimpfworten. »Jetzt sieht man nichts, aber morgen kann es schon ganz anders sein. So etwas führt zu Krebs! Du hast mich aus reiner Gemeinheit in die Brust gestoßen! Wenn der Krebs ausbricht, musst du mir eine Menge Geld bezahlen, und wenn ich dich bis zum anderen Ende der Welt verfolgen muss! Das wirst du mir büßen!« Das ganze Studio hörte mit. Die Unterrichtsstunde, die Madame mittlerweile gab, musste unterbrochen werden, so laut war das Geschrei. Die Russinnen ergriffen Partei für Frankreich oder Amerika.

»*Sale race!*« Das galt für beide.

»Amerikanern kann man einfach nicht über den Weg trauen!«

»Franzosen auch nicht!«

»Sie sind hysterisch, die Franzosen genauso wie die Amerikaner!«

Sie lächelten ihr überlegenes russisches Lächeln, als hätten sie vor langer Zeit vergessen, warum sie lächelten: als wäre das Lächeln ein Markenzeichen für ihre Überlegenheit, ganz gleich, unter welchen Umständen. Der Lärm war ohrenbetäubend, aber trotzdem irgendwie unterdrückt. Madame schimpfte. Sie war böse auf die beiden Schülerinnen.

Alabama zog sich an, so schnell sie konnte. Draußen in der frischen Luft zitterten ihre Beine, als sie auf ein Taxi wartete. Sie fragte sich, ob sie sich mit dem nassen Haar unter dem Hut eine Erkältung holen würde.

Der trocknende Schweiß auf ihrer Oberlippe schmeckte kalt und salzig. Sie hatte einen Strumpf erwischt, der nicht ihr gehörte. Was soll das eigentlich, fragte sie sich – warum zankten sie sich wie zwei Waschweiber, und warum überforderten sie sich alle bis an die Grenzen ihrer körperlichen Kräfte?

Mein Gott!, dachte sie. Wie schäbig! Wie durch und durch schäbig!

In diesem Moment wünschte sie, sich an einem kühlen romantischen Ort auf einem kühlen Bett aus Farn ausruhen zu können.

Sie ging nicht zum Nachmittagsunterricht. Die Wohnung war verlassen. Sie konnte Adage an der Tür kratzen hören – er wollte raus. Die Leere summte in ihren Ohren. In Bonnies Zimmer fand sie ein Marmeladenglas mit einer halb verwelkten roten Nelke, wie man sie manchmal in Restaurants geschenkt bekommt.

»Warum kaufe ich nicht ein paar Blumen *für sie*?«, fragte sie sich.

Der stümperhafte Versuch eines Puppen-Tutus lag auf dem Kinderbett; die Schuhe neben der Tür waren an den Spitzen abgestoßen. Alabama nahm ein offenes Malbuch vom Tisch. Dort hatte Bonnie eine stämmige Kämpferin mit einem gelben Wuschelkopf gezeichnet. Darunter stand: »Meine Mutter ist die schönste Lady der Welt.« Auf der gegenüberliegenden Seite hielten zwei Figuren vorsichtig Händchen; hinter ihnen zockelte Bonnies Vorstellung von einem Hund. »Meine Mutter und mein Vater gehen spazieren«, hieß es darunter. »*C'est très chic, mes parents ensemble.*«

O Gott!, dachte Alabama. Sie hatte beinahe vergessen, dass sich auch Bonnies Bewusstsein weiterentwickelte und wuchs. Ihre Tochter war genauso stolz auf ihre Eltern, wie Alabama es als Kind gewesen war, und dichtete ihnen sämtliche Vorzüge an, die sie sich wünschte. Bonnie musste ein schreckliches Bedürfnis nach Schönheit und Stil haben, nach irgendeiner Art Lebensplan, in den sie hineinpasste. Anderen Kindern bedeuteten ihre Eltern mehr als nur ein distanziertes »chic«. Alabama machte sich bittere Vorwürfe.

Sie verschlief den ganzen Nachmittag. In ihrem Unterbewusstsein breitete sich das Gefühl eines verprügelten Kindes aus; die Knochen schmerzten im Schlaf, und ihre Kehle war ausgetrocknet wie gedörrtes Fleisch. Als sie aufwachte, hatte sie das Gefühl, stundenlang geweint zu haben.

Sie konnte sehen, dass die Sterne nur für sie ins Zimmer schienen. Sie hätte ewig so im Bett liegen und den Geräuschen von der Straße lauschen können.

Fortan erschien Alabama nur noch zu ihren Privatstunden, um Arienne aus dem Weg zu gehen. Während des Unterrichts konnte sie ihr gackerndes Lachen in der Garderobe hören, wo sie die eintrudelnden Schülerinnen auf Solidarität einschwor. Die Tänzerinnen warfen ihr neugierige Blicke zu. Madame sagte, sie solle Arienne einfach nicht beachten.

Während sie sich hastig umzog, beobachtete Alabama zwischen den verstaubten Vorhängen hindurch die Tänzerinnen. Stellas Unbeholfenheit, Ariennes Getue, die anbiedernden Schmeicheleien, das Gerangel in der ersten Reihe, all das erschien ihr in der blassen Sonne, die durch das Oberlicht fiel, wie das Kreuchen und Fleuchen von Insekten, die man durch eine Glasglocke beobachtet.

»Larven!«, sagte Alabama unglücklich und verächtlich zugleich.

Sie wünschte, auch sie wäre im Ballett zur Welt gekommen oder könnte sich dazu aufraffen, es endgültig aufzugeben.

Wenn sie daran dachte, aufzuhören, wurde ihr schlecht, und sie fühlte sich um mehrere Jahre gealtert. Irgendwohin mussten die endlosen Meilen von *pas de bourrée* doch geführt haben!

Dann starb Djagilew. Der Stoff, aus dem die große Bewegung des Russischen Balletts gemacht war, vermoderte in einem französischen Gericht – er war nie imstande gewesen, Geld zu verdienen.

Einige Tänzer gaben im Sommer Vorstellungen am Swimmingpool des Lido und unterhielten betrunkene Amerikaner; andere wechselten zu diversen Varietés, und die Engländer gingen nach England zurück. Das transparente Zelluloiddekor von *La Chatte,* das mit den silbernen Schwertern der Scheinwerfer von Paris und Monte Carlo, London und Berlin das Publikum geblendet hatte, lag unter einem Schild mit der Aufschrift »Rauchen verboten!« in einem feuchten, heruntergekommenen Lagerhaus an der Seine, verschlossen in einem Tunnel, wo das fahle Licht des Flusses über das tropfende, dunkle Gestein und den nassen, unebenen Boden fiel.

»Was soll es noch?«, fragte Alabama.

»Du hast so viel Zeit, Arbeit und Geld da hineingesteckt, das kannst du nicht einfach so aufgeben«, sagte David.

»Wir werden versuchen, in Amerika etwas auf die Beine zu stellen.«

Das war nett gemeint von David. Aber sie wusste, dass sie in Amerika niemals tanzen würde.

Die wenigen Sonnenstrahlen, die im Lauf der letzten Unterrichtsstunde über das Oberlicht gehuscht waren, verschwanden.

»Sie werden Ihr Adagio nicht vergessen, abgemacht?«, sagte Madame. »Und mir neue Schüler senden, wenn Sie wieder in Amerika sind, nicht wahr?«

»Madame«, sagte Alabama plötzlich. »Glauben Sie, ich könnte immer noch nach Neapel gehen? Würden Sie den Mann gleich aufsuchen und ihm sagen, dass ich unverzüglich aufbreche?«

Als sie ihr in die Augen sah, kam es ihr vor, als betrachtete sie jene schwarzweißen Pyramiden, die aus sechs, je nach Blickwinkel auch sieben gewaltigen Quadern bestehen. Ihr in die Augen zu sehen war, wie eine optische Täuschung zu erleben.

»So, so!«, sagte sie. »Ich bin sicher, dass die Rolle noch nicht besetzt ist. Sie werden morgen aufbrechen? Sie haben keine Zeit mehr zu verlieren.«

»Ja«, sagte Alabama. »Ich fahre.«

MELVIN BURGESS

Billy Elliot

Ich sprang so hoch, dass ich aus dem Fenster und über
den Schuppen gucken konnte, wo die Sportgeräte la-
gerten. Die Miss sagte immer wieder: »Es geht nicht um
die Höhe, Billy. Wo bleibt deine Beherrschung? Du kon-
zentrierst dich nicht.« Doch, ich habe mich konzentriert.
Ich habe mich darauf konzentriert, ganz hoch zu kommen.
Es ist ein tolles Gefühl, über die Köpfe der kleinen Mädchen zu fliegen. Wie kleine Staubflocken schwebten sie um
meine Knie herum.

Inzwischen konnte ich alle Pliés und Sprünge und alle
Ports de bras und alles. Miss sagt, ich wäre vielverspre-
chend. Die Hälfte der Unterrichtszeit verbringt sie mit
mir – um die anderen kümmert sie sich nur halb so viel. Sie
beschweren sich immer deswegen.

»Können wir jetzt mal, Miss? Wann sind wir dran, Miss?
Das ist ungerecht, Miss, bloß weil er ein Junge ist …«

»Halt den Mund, Debbie, ich bin beschäftigt.«

Oh, ich war voll dabei. Die ganze Woche über freute
ich mich auf den Unterricht am Sonnabend. Sobald es los-
ging, hätte ich ewig weitermachen können. Stimmt schon,
was Debbie über Ausdauer gesagt hatte. Ballett mag leicht
aussehen, aber das ist es nicht. Es ist schwer. Ich wurde so
fit, dass ich in der Schule beim Fußball und beim Laufen

und bei allem besser wurde. Ich konnte jetzt stundenlang durchhalten.

Ich muss verrückt gewesen sein.

Es musste passieren. Ich habe mir was vorgemacht. Michael hat mich immer wieder gewarnt. »Der kriegt das raus. Und was machst du dann?« Ich wusste, dass er recht hatte, aber ich glaubte einfach, wenn ich weitermachte und nicht darüber nachdachte, dann würde nichts passieren. Ich habe mir gesagt, nur noch diese Woche, dann gehe ich wieder zum Boxen. Aber ich habe mich immer mehr reingehängt und ich wurde immer besser, und Dad kam nicht mehr zu George, um mir zuzugucken … Ich dachte einfach, das könnte ewig so laufen.

Und was dann kam, waren natürlich nicht bloß unangenehme Fragen, ein blöder Verdacht oder so. Scheiße. Mein Dad tauchte mitten im Unterricht auf.

»Nimm dein Bein hoch, Billy! Lass es gleiten! Gleiten zwei drei, herum zwei drei, hoch zwei drei. Was soll denn das sein? Ein bisschen Anmut bitte, Billy Elliot!«

Ich ließ mein Bein gleiten, langsam im Kreis, supersahneweich – und ich blickte auf und da stand mein Dad in der Tür.

Jesus! Ich erstarrte zu Stein. Ich dachte, ich würde sterben. Ich dachte, er würde auf mich zustürzen und mich umbringen. Die Miss machte einfach weiter …

»Hoch zwei drei, gleiten zwei drei. Wie eine Prinzessin, Deborah. Lange Hälse! Eins zwei drei … Was ist mit dir?«

Das sagte sie, als sie mich still stehen sah. Dann hörte die Musik auf und die Miss drehte sich um und sah Dad. Der war blutrot angelaufen.

»Du! Raus! Sofort!«, schnauzte er.

Aus den Augenwinkeln sah ich die Miss, wie sie sich zu Dad vorbeugte, als könnte sie ihn zum Frühstück verspeisen – das hätte sie auch getan und alles. Versucht hätte sie es jedenfalls, sie lässt sich nicht so schnell was gefallen. Dass die beiden sich anbrüllten, wollte ich auf gar keinen Fall. Ich ging auf meinen Dad zu. »Bitte nicht, Miss«, zischte ich ihr im Vorbeigehen zu. Mann, war das peinlich. Dad hielt mich für eine Memme, weil ich tanzte, und sie hielt mich für eine Memme, weil ich ihm nichts entgegensetzte. Ich war geliefert.

Mit einem Knall fiel die Tür hinter mir zu. Er packte mich am Arm und schob mich vorwärts.

»Also, du hast mir allerhand zu erklären«, sagte er. Und er trieb mich nach Hause.

Auf dem ganzen Weg sagte er kein Wort. Das ist seine Art, so bringt er einen zum Schwitzen. Den ganzen Weg nach Hause, die Union Street lang, die High Street hoch, die Macefield Road lang. Kein Wort. Scheißkerl.

Zu Hause deutete er auf einen Stuhl am Tisch und starrte mich ununterbrochen an, während er seinen Mantel auszog. Dann setzte er sich mir gegenüber. Er hatte immer noch kein Wort gesagt. So funktioniert das. Je länger es dauert, bis er was sagt, umso tiefer steckt man in der Scheiße. Diesmal fragte ich mich, ob er überhaupt noch mal mit mir sprechen würde.

Ich wusste, was er wollte. Er wollte, dass ich sagte, tut mir leid. Tja. Da konnte er ewig drauf warten. Das war doch bescheuert! Was hatte ich denn falsch gemacht?

»Ballett«, sagte er schließlich.

»Und? Was ist so schlimm am Ballett?«, sagte ich. Meine Nan saß auf einem Stuhl am Fenster und schaute uns zu, als wären wir im Fernsehen. Ich blickte zu ihr. Das war leichter, als ihn anzugucken. Aus den Augenwinkeln sah ich, dass er wieder rot anlief.

»Was ist so schlimm am Ballett? Guck mich an, Billy! Willst du mich auf den Arm nehmen?«

»Ballett ist total normal!«, sagte ich und wandte mein Gesicht ihm zu.

»Normal?« Dad war um die Lippen herum ganz weiß geworden. Ich bekam Angst.

»Ich hab früher Ballett gemacht«, sagte meine Nan.

»Siehste?«, sagte ich.

»Deine Nan. Mädchen, Billy. Nicht Jungen. Jungen spielen Fußball oder machen Boxen oder Ringen oder so was.«

»Welche Jungs machen Ringen?«, fragte ich und da hatte ich ihn, denn in unserer Gegend geht niemand, den ich kenne, zum Ringen.

»Du weißt, was ich meine.«

»Ich weiß nicht, was du meinst.«

»Fang keinen Streit an, Billy.«

»Ich weiß einfach nicht, was daran verkehrt sein soll.«

»Du weißt ganz genau, was daran verkehrt ist.«

»Nein, weiß ich nicht.«

»Weißt du doch.«

»Nein, weiß ich nicht.«

»Doch, das weißt du, verdammt noch mal. Für wen hältst du mich? Du weißt das ganz genau.«

»Das ist doch bloß Tanzen. Weiter nichts. Was ist denn daran verkehrt?«

Das Ding ist …

Klar, wusste ich, was er meint. Jedenfalls habe ich das mal gewusst. Ballett ist nichts für Jungs. Weil das nichts mit Fußball und mit Boxen und mit Hartsein zu tun hat. Weil es nichts mit Streik und sich wehren und es mit den Kumpels durchstehen und alle sitzen im selben Boot zu tun hat. Nichts mit Bergbau. Nichts mit der Gewerkschaft. So was tun wir nicht.

Tja, vielleicht werde ich auch kein Bergmann. Und selbst wenn, na und? Warum tun wir so was nicht? Bloß weil das bis jetzt noch niemand getan hat, nur deswegen. Tja, aber wenn ich es tue, dann ist es doch was, was wir tun, denn ich bin ja auch einer von uns. Es kann doch wohl nicht sein, entweder bin ich wie er oder gar nichts. Ich werde doch nicht gleich ein anderer Mensch, bloß weil ich gerne tanze.

Oder?

»Du willst wohl eine Tracht Prügel.«

»Nein, will ich nicht. Ehrlich nicht, Dad.« Er dachte, ich wäre einfach nur dickköpfig, aber ich verstand wirklich nicht, wieso er so einen Aufriss machte, um mich vom Ballett abzuhalten.

»Doch, Billy.«

»Das sind nicht bloß Schwule, Dad. Balletttänzer sind genauso fit wie Sportler. Das ist harte Arbeit. Was ist mit Wayne Sleep?«

»Wayne Sleep?«

Ich wünschte, ich hätte das nicht gesagt. Wayne. Selbst

als ich es sagte, klang das so wie damals, als Debbie mir den Namen aufgetischt hatte. Wayne Sleep. Schwul! So klang das.

Aber jetzt hatte Dad genug. »Pass auf, mein Sohn, ab sofort ist Schluss mit dem Ballett. Und das verdammte Boxen kannst du dir auch aus dem Kopf schlagen. Für diese fünfzig Pence habe ich mir den Arsch aufgerissen. Du weißt, wie knapp wir mit dem Geld sind. Du bleibst zu Hause und kümmerst dich um deine Nan. Verstanden? Gut.«

»Ich hätte Tänzerin von Beruf werden können, wenn ich eine Chance bekommen hätte«, sagte Nan.

Dad drehte sich zu ihr um. »Halt du den Mund«, brüllte er. Gemeiner Kerl. Er hatte kein Recht, so mit ihr zu reden.

Ich sprang auf und schrie ihm ins Gesicht: »Ich hasse dich! Du bist ein Mistkerl!« Er wollte mich packen, aber er kriegte mich nicht.

Er sprang auf und wollte mir hinterher: »Billy!« – aber da war ich schon weg. Plötzlich strömten mir Tränen über das Gesicht und ich dachte, wenn er mich jetzt sieht, wird er bloß wieder denken, ich wäre schwul. Ich hörte ihn brüllen, aber ich hatte die Schnauze voll von dem Scheißkerl. Ich raste durch die Tür, die Straße hoch und hinaus über das Feld und runter zum Bach und weg war ich. Scheißkerl! Ballett war das Einzige, was ich je richtig gut gekonnt habe, und er wollte es mir verbieten. Scheißkerl! Scheißkerl, Scheißkerl! Ich rannte meilenweit. Das war's, das war's wirklich. Das war sein Ernst. Wenn Dad so etwas sagt, dann bleibt er auch dabei. Wenn er mich auch nur in der Nähe des Klubhauses antreffen würde, würde er mich mit dem Lederriemen versohlen.

Ich lief bis zum Strand, meilenweit weg. Es war ein stürmischer Tag, die Wellen krachten und platschten ans Ufer. Ich kann verstehen, warum meine Nan hier herunterkommt. Man braucht nur zuzuhören, wie das Wasser über die Steine murmelt – das macht den Kopf klar und beruhigt. Hilft beim Denken. Ich nahm Steine und warf sie in die Wellen und schaute zu, wie das Wasser sie verschluckte. Die Sonne ging unter. Ich war schon seit Stunden unterwegs.

Hinter mir auf dem Hügel lag Everington. Ich war auf der besseren Seite der Stadt. Wo die Miss wohnte. Ich überlegte, ob ich zum Ballett dürfte, wenn ich auch so fein wäre wie sie. Aber das war's nicht. Ich war der einzige Junge in der Tanzklasse. Mittelschicht, Arbeiterklasse – das war egal. Jungs gehen nicht zum Ballett. Punkt.

Dagegen konnte sie gar nichts machen.

Ihr Haus war wesentlich kleiner, als ich es mir vorgestellt hatte. Bis jetzt hatte ich die Häuser nur vom Strand aus gesehen. Wenn man näher kam, war es eher ein Bungalow als eine Villa. Es hatte einen Vorgarten und eine Garage und all das, und es stand frei, war kein Reihenhaus wie unseres, aber wenn man näher kam, war es viel kleiner, als man erwartet hatte. Ich weiß nicht, warum man sich die Mühe macht, frei stehende Häuser zu bauen, wenn sie doch nicht größer sind. Ich meine, wozu denn?

Ich ging an die Tür und klopfte. Ich weiß nicht, warum. Mein Dad war mein Dad. Was konnte sie schon machen. Die Mittelschichts-Elli.

Die Tür ging auf und da war sie, Zigarettenrauch ausatmend.

»Oh. Du bist das?«, sagte sie.

Ich sagte: »Er bringt mich um, wenn er rauskriegt, dass ich hier bin.«

»Er hat dir verboten, zum Unterricht zu kommen, oder?«

»Ist nicht seine Schuld, Miss«, sagte ich.

»Und du findest das in Ordnung, oder?«

Ich zuckte die Achseln. »Denke schon.« Ich hatte nicht die Absicht, mich bei ihr über Dad zu beschweren. Mir doch egal, was sie von ihm dachte. Mein Dad ist er trotzdem.

»Du solltest dich wehren«, sagte sie.

»Sie kennen ihn nicht, Miss.«

»Tja, dann müssen wir die Sache abblasen«, sagte sie, zog an ihrer Zigarette und blies mir den Rauch ins Gesicht.

»Mensch, Miss!«, sagte ich und wedelte den Rauch weg.

»Tut mir leid.«

»Was abblasen?«, fragte ich, aber sie war schon ins Haus gegangen.

»Debbie!«, rief sie. »Es ist Billy. Komm und sag ihm Guten Tag, ja?«

Ich folgte ihr ins Wohnzimmer. Ich glaube nicht, dass ich schon mal bei Mittelschichtsleuten zu Besuch war. Es war eigenartig. Wie ich schon sagte, das Haus war nicht viel größer als unseres, und ich sah, die Möbel waren auch nicht besser. Ich weiß auch nicht, was ich erwartet hatte, Antiquitäten oder so was? Aber es waren ganz normale Sachen. Ziemlich alt. Abgewetzt sogar. Ich dachte, vielleicht ist es doch gar nicht so verdammt toll, zur Mittelschicht zu gehören.

Ich setzte mich aufs Sofa und kurz darauf kam Debbie

runter und setzte sich neben mich. Ihr Dad hockte auf einem Stuhl und hatte ein Glas in der Hand.

»Na guck einer an«, sagte er. »Ich habe schon viel von dir gehört. Dein Dad arbeitet unter Tage, stimmt's?«

»Ja.«

»Das mit dem Streik ist bestimmt schwer für die Familien. Dein Dad streikt doch, oder?«

»'türlich.«

»Keine Sorge, mein Junge.« Er steckte seine Nase ins Glas und nahm einen Schluck. »Das dauert nicht mehr lange.«

»So lange wie nötig«, sagte ich und er starrte mich an.

»Sei still, Tom«, sagte die Miss.

»Wenn sie wählen könnten, würden sie morgen wieder an die Arbeit gehen. Sind doch bloß ein paar verdammte Kommunisten, die alles aufheizen. Seien wir doch ehrlich, die kriegen doch kein Bein auf den Boden. Ist doch eine Frage der Vernunft. Einige Zechen arbeiten einfach nicht mehr wirtschaftlich. Wenn es mehr Geld kostet, Leute wie deinen Dad zu bezahlen, um die Kohle aus der Erde zu buddeln, als man auf dem Markt für die Kohle kriegt, tja? Was sagt dir das?«

Ich zuckte die Achseln. Ich weiß nicht, warum er so sauer war. Man hätte meinen können, mein Dad würde bloß streiken, um ihn zu ärgern. Ihm konnte das doch sowieso egal sein. Wahrscheinlich dachte er, bloß weil ich Ballett mochte, würde ich so denken wie er. Tja, war aber nicht so, oder?

Die Miss kam aus der Küche und fing an den Tisch zu decken. »Tom, lass ihn in Ruhe.«

»Du solltest mal darüber nachdenken, mein Junge. Was

soll aus unserem Land werden, wenn Leute an Arbeitsplätzen kleben, mit denen kein Geld erwirtschaftet wird, he?«

»Tom!«

»Wenn ich was zu sagen hätte, würde ich den Laden morgen dichtmachen.«

»Ja, aber Sie haben nichts zu sagen«, sagte ich.

»Jetzt hör mir mal zu, mein Junge«, fing er an, aber die Miss ging sofort dazwischen.

»Ich habe gesagt, du sollst ihn in Ruhe lassen, Tom«, fuhr sie ihn an. »Er ist unser Gast und nicht einer deiner Kneipenfreunde.«

»Wo arbeiten Sie denn, Mr Wilkinson?«, fragte ich ihn.

»Er ist freigesetzt worden«, sagte Debbie, bevor er etwas sagen konnte.

»Haben Sie denn nicht gestreikt, um Ihre Arbeit zu behalten?«, fragte ich und ich schwöre, er wurde rot wie ein kleines Kind. Ich dachte, er würde aufspringen und sich auf mich stürzen. Aber er saß bloß da, machte ein finsteres Gesicht und sagte kein Wort mehr.

Ich aß dort Abendbrot. Später nahm mich Debbie mit in ihr Zimmer und erzählte mir alles von ihrer Mam und ihrem Dad. Wir saßen nebeneinander auf dem Bett und sie hatte eine kleine Puppe auf dem Schoß sitzen, mit der sie herumspielte, und erzählte mir alles.

Eigentlich ging mich das gar nichts an. Sie sagte, ihr Dad trinkt zu viel. Sie sagte, einmal hat er so viel getrunken, dass er sich im Sessel vollgepisst hat, und sie mussten ein neues Kissen kaufen. Sie sagte, er hatte eine Affäre gehabt, und er wäre unglücklich, weil die Miss nicht mit ihm schläft.

»Sie haben getrennte Betten und alles«, sagte sie.

»Mag sie keinen Sex und so?«, fragte ich.

»Früher schon, glaube ich«, sagte Debbie. »Fehlt dir eigentlich deine Mam?«

Schon, aber ich hatte keine Lust, ihr von meiner Mutter zu erzählen. Manchmal vergesse ich, dass sie tot ist. Ich gehe in die Küche oder in eines der anderen Zimmer und denke, sie ist bloß einkaufen oder sie ist nebenan bei meiner Nan, einmal habe ich sogar gedacht, sie ist gerade auf der anderen Seite vom Tisch und bückt sich nach irgendwas, was auf den Boden gefallen war. Aber sie richtet sich nie auf und sie kommt nie vom Einkaufen zurück, und wenn ich nach nebenan gehe, dann ist Nan alleine. Ist eigentlich unmöglich, dass meine Mam nicht mehr da ist. Vielleicht ist es das, was sie in ihrem Brief meint, wenn sie schreibt, für mich ist sie immer da, auch wenn sie tot ist. Vielleicht ist sie wirklich die ganze Zeit da und ich kann sie bloß nicht sehen.

Aber Debbie erzählte ich nichts davon. »Also hat deine Mam überhaupt keinen Sex, ja?«, fragte ich.

»Nein. Sie ist unausgefüllt. Deshalb tanzt sie.«

Ich dachte, ich höre nicht richtig. Ich sagte: »Du meinst, sie macht Tanzunterricht statt Sex? Deine Familie ist verrückt.« Ich habe immer gedacht, wenn man zur Mittelschicht gehörte und eine Mam und einen Dad hatte, dann wäre alles normal und so. Aber jetzt war ich bei Mittelschichtsleuten zu Hause und alles war total verdreht.

»Nein, ist sie nicht«, sagte Debbie. Sie legte ihre Puppe zur Seite und rutschte dichter an mich heran. Sie war mir so nah, dass wir uns fast berührten, und das war mir unangenehm. Ich rückte vorsichtig ab.

»Ist sie wohl«, sagte ich. »Ihr habt alle einen Knacks.«

Sie schob sich noch dichter heran, also schlug ich ihr mit dem Kissen auf den Kopf. Sie duckte sich und packte ein anderes Kissen und sofort war die größte Kissenschlacht im Gange. Wir pfefferten uns die Kissen um die Ohren. Ich schlug aber nicht sehr doll zu. Sie war bloß ein Mädchen, ich wollte ihr nicht wehtun. Ich schob sie weg von mir, hielt sie mit einer Hand am Handgelenk fest und haute ihr mit der anderen ein Kissen um die Ohren, und dann kletterte ich auf sie rauf und setzte mich auf ihre Beine. Sie quiekte und kicherte. Und dann, während ich mich bemühte, ihre Hände zu erwischen, streifte meine Hand über ihren Oberkörper und ich spürte ihre Titten. Ich hatte noch gar nicht bemerkt, dass sie Titten hatte, sie waren noch ganz klein. Es war ein kleiner Schock. Ich hörte auf und sie hörte auf und wir schauten uns an. Plötzlich war es ein komisches Gefühl, auf ihr draufzusitzen. Sie streckte den Arm aus und streichelte mein Gesicht. Das fühlte sich schön an, sie war ganz sanft, aber peinlich war es auch, weil – na ja – mein Pimmel steif wurde.

Ich stieg runter.

»Siehst du. Du hast doch einen Knacks, eh«, sagte ich zu ihr.

Sie setzte sich auf und guckte woandershin. Ich wusste nicht, was ich tun sollte. Federn flogen herum, die aus den Kissen gefallen waren. Ich wedelte sie Debbie zu, so dass sie auf ihrem Pullover landeten, und sie pflückte sie einzeln ab.

»Debbie, Billy muss jetzt nach Hause.« Das war die Miss, unten an der Treppe. Ich sprang auf. Was würde sie sagen, wenn sie wusste, dass ich die Titten von ihrer Tochter angefasst habe, in ihrem Schlafzimmer? Auch wenn ich es gar nicht gewollt habe.

»Komm, Billy, ich fahr dich bis an die Ecke.«

»Bis dann, Debbie.«

»Tschüss, Billy.«

Sie hatte die Hände auf dem Schoß liegen und sah mich nicht an, als ich aus der Tür ging.

Die Miss fuhr mich bis zu unserer Straße. Sie hätte mich auch ganz nach Hause gebracht, aber ich wollte nicht in ihrem Auto gesehen werden. Sie bog auf ein leeres Grundstück ab und hielt an.

»Da sind wir«, sagte sie. Aber ich rührte mich nicht. Ich blieb einfach noch ein bisschen sitzen. Wir hatten noch nicht geredet, nicht richtig jedenfalls. Sie stellte den Motor ab, seufzte und nahm sich eine Zigarette.

»Das wird dir seltsam vorkommen, Billy«, sagte sie. »Aber ich habe an ein Vortanzen bei der Königlichen Ballettschule gedacht.«

Ich dachte, meine Fresse, ist die scharf aufs Tanzen. Ich dachte – ich weiß, das ist blöde, aber es war ja kurz nach dem Gespräch mit Debbie –, ich dachte, auf so eine blöde Idee konnte sie nur kommen, weil sie keinen Sex hatte.

»Sind Sie dafür nicht ein bisschen zu alt, Miss?«, fragte ich.

Sie schnaubte. »Ich doch nicht, Billy. Du sollst tanzen. Ich bin die Lehrerin. Meine Güte!« Sie verdrehte die Augen. »Du könntest in Newcastle zeigen, was du kannst«, sagte sie und warf mir einen langen Blick zu.

Ballettschule? Ich? Aber das wäre ja … was ganz anderes. Ich meine, es war ein Hobby, weiter nichts. Aber wenn man auf eine spezielle Schule ging …

»Kann man das denn als Beruf machen, Miss?«

»Natürlich. Wenn man gut genug ist.«

»Ich werde nie gut genug sein. Ich kann doch noch fast gar nichts.«

»Hör zu.« Sie drehte sich auf ihrem Sitz herum, um mich anzusehen, und blies eine Rauchwolke über ihre Schulter. »Hör zu. Die wollen nicht wissen, was du nicht kannst. Das bringen die dir bei. Deshalb gibt es ja eine Ballettschule. Es kommt darauf an, wie du dich bewegst, wie du dich ausdrückst, das ist wichtig.«

»Was denn ausdrücken?« Ich wusste nicht, was sie meinte. Es ging doch bloß ums Tanzen, oder nicht?

»Ich glaube, du bist gut genug«, sagte sie. Und das war das einzige Mal, dass sie mir je sagte, ich wäre gut. »Das würde nur jede Menge harte Arbeit bedeuten.«

»Ich darf nicht mehr«, erinnerte ich sie.

»Ach ja. Vielleicht sollte ich mal mit ihm reden.«

»Nein!« Ich sprang fast vom Sitz hoch. »Miss. Tun Sie das nicht!«

»Du meine Güte!« Sie zog ein paarmal an ihrer Zigarette, dann sagte sie. »Weißt du, ich könnte dich bis dahin alleine unterrichten, wenn du willst.«

»Ich habe kein Geld.«

»Das tue ich nicht wegen Geld«, fuhr sie mich an, als hätte ich sie beleidigt.

»Aber was ist mit Dad?«

»Er braucht das ja nicht zu wissen, oder?«

»Und was ist mit dem Boxen und so?« Das habe ich nicht

nur wegen dem Boxen gefragt. Das durfte ich ja auch nicht mehr. Wichtig war … was es heißt, einer von den Jungs zu sein. Du weißt schon. Ein Junge sein. So was eben.

»Meine Fresse, Billy. Wenn du mit deinen Kumpels rummachen willst, von mir aus. Hier geht's um was Ernstes.«

»Schon gut, hören Sie auf rumzublubbern!«

»Blubbern?«, sagte sie und wir beide lachten.

Ich überlegte. Es war ein bisschen heftig, oder? Hinter dem Rücken von meinem Dad und so. Trainieren, um ein Balletttänzer zu werden. Aber – echt mal! Das wär schon ein Ding, oder?

»Also könnten wir das alleine machen und so?«

»Nur du und ich. Niemand anders braucht davon zu wissen.«

Weiß nich. Hinterm Rücken von meinem Dad. Und sie macht Tanzunterricht an Stelle von Sex, das war alles ein bisschen …

»Miss, Sie sind doch nicht scharf auf mich, oder?«

Verblüfft drehte sie sich zu mir um. Dann wurde sie wütend. »Nein, Billy, komischerweise bin ich nicht scharf auf dich. Jetzt verpiss dich, ja?«

Ich starrte sie an. Sie war richtig sauer. Langes Schweigen. Dann nickte sie zur Tür. »Na los, geh schon«, sagte sie.

Ich dachte, scheiß drauf. Was habe ich schon zu verlieren?

»Verpissen Sie sich doch!«, sagte ich. Dann lächelte ich sie an und sie lächelte zurück. Ich wandte mich zum Aussteigen.

»Bis Montag dann«, sagte sie. »Um sechs in der Halle. Ich werde dort sein.«

Ich sagte weder Ja noch Nein. Ich stand vor der offenen Autotür und blickte in eine andere Richtung.

»Und bring was mit. Was Persönliches. Egal was. Wir brauchen eine Idee für einen Tanz.«

»Was für einen Tanz?«

»Fürs Vortanzen, du Holzkopf.«

Ich schlug die Tür zu und sie fuhr los. Ich dachte, worauf lasse ich mich da ein? Ich hatte noch keinen Schimmer, ob ich hingehen würde oder nicht.

ANNA STOTHARD

Fußball statt Ballett

Eines Abends, es wurde gerade dunkel, aßen Rocco und ich auf dem Dach eines benachbarten Hauses Brot und Käse zum Abendbrot. Wir befanden uns im Revier der humpelnden Taube, die uns aus den Schatten heraus böse anstarrte. Unsere Nachbarn hatten anscheinend Gäste, wir hatten sie durch die Wände hören können.

Es war ziemlich einfach, zu ihnen hinüberzuklettern. Bei Rocco sah das sehr elegant aus, er stand mit einem Bein auf unserem Balkon, mit dem anderen auf ihrem, hielt sich an der Regenrinne fest und zog sich langsam rüber. Als er auf dem Nachbarbalkon ankam, erschreckte sich die Taube, flog hoch in den Himmel und schwebte dort eine Weile in der Luft, ging im haferflockenfarbenen Winterhimmel auf wie ein Wolkenfetzen. Ich reichte Rocco die Einkaufstüte mit dem billigen Champagner und dem Essen rüber, und er stellte sie auf den Boden.

»Sind sie da drin?«, flüsterte ich ihm zu. Er schüttelte den Kopf. »Was, wenn die uns erwischen?«

»Niemand wird mich fangen und einen Mann aus mir machen! Ich will ein kleiner Junge bleiben und lustig sein«, zitierte Rocco.

»Als Erwachsener machst du dich auch echt nicht gut. Aber als Kind wärst du phantastisch.«

»Ich nehm das mal als Kompliment«, sagte Rocco und half mir über die Kluft zwischen den beiden Häusern. Wir hielten uns an der Regenrinne fest und kletterten das steile Dach hinauf.

Früher gingen Rocco und ich zum Ballettunterricht. Mum fuhr uns jeden Samstagmorgen dorthin. Er fand in einem spartanisch eingerichteten, fast leeren kleinen Raum im Jugendzentrum statt, der Fußboden war schmutzig, und an allen vier Wänden hingen trübe Spiegel. Rocco war der einzige Junge in der Ballettstunde. Zuerst hasste er es regelrecht, aber er hatte ein viel besseres Körpergefühl als ich – was er auch tat, bei ihm sah es immer viel eleganter aus als bei mir. Irgendwann wurde er aus dem Kurs geworfen, weil er sich nach der Stunde mit einem anderen Jungen aus dem Jugendzentrum geprügelt und ihm dabei den Kiefer gebrochen hatte. Rocco war zwar erst neun, aber schon ziemlich gewalttätig.

Nach der Ballettstunde ging die gesamte Gruppe immer in den Speisesaal, wo wir Orangen und Kekse bekamen. Rocco machte das Tanzen zwar mittlerweile Spaß, aber er kam nicht mit den anderen Kindern zurecht. Im Jugendzentrum wurde nicht nur Ballett angeboten, die meisten Jungs dort spielten Fußball oder Rugby, und manchmal versuchten sie, Rocco zu ärgern. Sie nannten ihn Homo oder Dichter. Meistens warf Rocco ihnen dann nur einen gelangweilten Blick zu, aber einmal brüllte eine ganze Gruppe von Kindern diese Sachen vom anderen Ende des Speisesaals, und ein Junge zeigte ihm den Mittelfinger. Da rastete Rocco plötzlich völlig aus.

Völlig auszurasten ist eins dieser Dinge, bei denen man sehr aufpassen muss, ein Chaos im Kopf, das man geheim halten muss. Richtig auszurasten ist genau so wie ein Lachanfall oder Weinen oder ein Orgasmus – eine Emotion, die man nicht kontrollieren kann. Kinder machen so was, bevor sie lernen, ihre Gefühle in Bahnen zu lenken. Krieg stelle ich mir ähnlich chaotisch und intuitiv vor. Man hat keine Zeit nachzudenken, man wird nur von Wut und Adrenalin angetrieben. Als ich mich früher mit Rocco geprügelt habe, hatte ich manchmal so einen Energieschub. Harte Knie und Fingernägel und Spucke und Knöchel, die gegeneinanderreiben. Der Schmerz von seinem Knie in meinem Rücken und das Gefühl meiner Nägel, die seine Haut zerkratzten, hatten die Wirkung einer Injektion.

Rocco sagt gern dramatische Sachen. Einmal behauptete er zum Beispiel, auf uns »laste« die Schuld, die die Menschheit durch ihre »Vertreibung aus dem Garten Eden« auf sich geladen habe. Alle Probleme entstünden also aus Charakterschwäche, und es gäbe keinerlei von außen einwirkende Kräfte wie etwa das Schicksal. Manche Menschen rasten vielleicht öfter aus als andere, aber die kindliche Fähigkeit, irrational und überemotional zu reagieren, tragen wir alle in uns. Hysterisches Lachen oder Weinen hat man bis zu einem gewissen Grad unter Kontrolle, aber eben nicht vollständig.

Rocco sah ganz ruhig aus, aber ich wusste, was das bedeutete. Ich wollte ihn zurückhalten und stieß dabei mein Glas um. Der Junge war kleiner als Rocco, die Haare wie Eigelb, und er trug ein Fußballtrikot, das ihm zu groß war. Rocco hatte eine weite Hose und ein T-Shirt an; er weigerte

sich, zum Tanzen andere Sachen anzuziehen. Der Fußball-
junge schlug zuerst zu, woraufhin ihm Rocco einen Kinn-
haken verpasste, der ihn auf die Bretter schickte.

»Rocco!«, rief ich genervt. Die anderen Kinder scharten
sich um den Jungen. Rocco kam zurück zum Tisch, hob
mein Saftglas vom Boden auf und stellte es vor mich hin.
Ich stand auf und stemmte die Hände in die Hüften. Mir
war zum Heulen zumute.

»Wieso hast du das gemacht? Jetzt dürfen wir bestimmt
nicht mehr herkommen.«

»Er hat angefangen!«, verteidigte sich Rocco. Ich verdrehte altklug die Augen.

»Lass uns lieber nach Hause gehen«, sagte ich, und wir
liefen aus dem Speisesaal und zum Parkplatz, wo Mum
schon auf uns wartete. Wir kletterten auf den Rücksitz
unseres kleinen roten Minis.

»Ballett macht mir keinen Spaß mehr«, sagte ich zu
Mum, die uns Mandarinen reichte. »Wir wollen da nicht
mehr hingehen!«

»Wollt ihr lieber was anderes machen?« Mum versuchte
sich aus der Parklücke zu manövrieren.

»Nein, danke«, sagte Rocco.

Das war das Ende unserer Ballettkarriere, aber keiner
von uns beiden trauerte ihr wirklich hinterher. Stattdessen
spielten wir nach der Schule Fußball.

JANE AUSTEN

Mister Crawford

Maria hatte Mr Crawford schmerzlich vermisst, denn in der Zwischenzeit hatte sie nur Mr Rushworth zur Gesellschaft und war dazu verdammt, sich immer wieder anzuhören, wie an diesem Tag die Jagd verlaufen war, gut oder schlecht, wie hervorragend seine Hunde sich bewährt hatten, wie argwöhnisch er seine Nachbarn beäugte und wie sehr er an ihren Fähigkeiten zweifelte, wie unerbittlich er Wilderer verfolgte – allesamt Themen, die nur dann den Weg ins Herz einer Frau finden, wenn auf der einen Seite ein gewisses Maß an Talent vorhanden ist und auf der anderen ein gewisses Maß an Zuneigung; und Julia, die weder verlobt noch anderweitig beschäftigt war, fühlte sich umso mehr berechtigt, ihn zu vermissen. Jede Schwester hielt sich für die bevorzugte. Julia leitete ihren Anspruch aus Bemerkungen von Mrs Grant ab, die nur zu gern für wahr hielt, was sie sich wünschte, und Maria aus den Bemerkungen von Mr Crawford selbst. Alles kehrte in die Bahnen der Zeit vor seiner Abwesenheit zurück; er behandelte beide so zuvorkommend und liebenswürdig, dass er bei keiner an Terrain verlor, gab sich aber nie so beständig, so verbindlich oder herzlich, dass es bei den anderen Aufmerksamkeit erregt hätte.

Fanny war die Einzige, die daran etwas auszusetzen

hatte; doch seit dem Tag in Sotherton konnte sie Mr Crawford nie mit einer der beiden Schwestern zusammen sehen, ohne sie genau zu beobachten, und nur selten fand sie dabei keinen Grund, sich zu wundern oder etwas zu missbilligen; und wäre ihr Vertrauen in ihren Verstand so groß gewesen wie dessen Schärfe – wäre sie sicher gewesen, dass sie klar sah und richtig urteilte –, dann hätte sie sich vermutlich mit ein paar gewichtigen Hinweisen an ihren üblichen Vertrauten gewandt. Doch so wie es war, hatte sie nicht den Mut zu mehr als einer Andeutung, und diese blieb ungehört. »Es überrascht mich doch«, sagte sie, »dass Mr Crawford so rasch wieder hergekommen ist, nachdem er zuvor schon sieben Wochen hier war; es hieß doch, er liebt die Abwechslung und das unstete Leben, und ich hatte erwartet, dass ihn, wenn er einmal fort ist, bestimmt ein Zufall an einen anderen Ort locken würde. Er ist schließlich eine viel geschäftigere Umgebung gewohnt als Mansfield.«

»Das spricht für ihn«, war Edmunds Antwort, »und bestimmt wird sich seine Schwester darüber freuen. Sie mag seine unstete Art nicht.«

»Meine Cousinen haben ihn sich zum Liebling erkoren.«

»Ja, er weiß, wie man den Frauen gefällt. Mrs Grant glaubt, wenn ich recht verstehe, dass er eine Schwäche für Julia hat; ich habe nie groß Anzeichen dafür gesehen, aber ich würde es mir wünschen. Er hat keine Fehler, die eine ernsthafte Bindung nicht beheben könnte.«

»Wäre Miss Bertram nicht verlobt«, sagte Fanny vorsichtig, »dann hätte ich manchmal fast den Eindruck, er sei eher an ihr als an Julia interessiert.«

»Was vielleicht mehr dafür spricht, dass Julia sein Liebling ist, als du glaubst, Fanny; denn ich denke mir, es kommt häufig vor, dass ein Mann, bevor er sich recht entscheidet, die Schwester oder gute Freundin der Frau, auf die er es abgesehen hat, mehr umwirbt als diese selbst. Crawford ist ein Mann von Verstand; er würde nicht hierbleiben, wenn Maria ihn in Versuchung brächte; und was *sie* angeht, mache ich mir überhaupt keine Sorgen, denn sie hat längst bewiesen, dass sie sich nichts aus ihm macht.«

Und so sagte sich Fanny also, dass sie sich geirrt hatte, und nahm sich vor, die Sache in Zukunft anders zu sehen; doch sosehr sie auch an Edmunds Urteil glauben wollte, trotz der Blicke und Andeutungen im gleichen Sinne, die sie dann und wann bei einigen anderen bemerkte und die deren Überzeugung bestätigten, dass Julia Mr Crawfords Erwählte war, wusste sie doch nicht immer, was sie denken sollte. Einmal eines Abends bekam sie die Ansichten und Überlegungen ihrer Tante Norris zu dem Thema zu hören, auch die der Tante und Mrs Rushworths zu einem verwandten Thema, und musste sich doch wundern; und gern hätte sie darauf verzichtet, es zu hören, denn sie hörte es, während sämtliche anderen jungen Leute tanzten und sie höchst unfreiwillig bei den Damen am Kamin saß und auf die Rückkehr ihres älteren Vetters wartete, ihre einzige Hoffnung auf einen Partner für diesen Tanz. Es war Fannys erster Ball, allerdings ohne die Vorbereitungen und den Glanz des ersten Balls so manch anderer jungen Dame, denn die Idee dazu war ihnen erst am Nachmittag gekommen, als sie hörten, dass ein Neuzugang unter der Dienerschaft die Fiedel spielte, und ihnen aufging, dass sie fünf Paare beisammenhatten, wenn sie Mrs Grant und

einen gerade eingetroffenen Besucher, den neuen Busen-
freund von Mr Bertram, dazunahmen. Doch vier Tänze
lang war Fanny ausgesprochen glücklich damit gewesen,
und es bekümmerte sie sehr, dass sie auch nur eine Viertelstunde Pause machen sollte. Und während sie dort saß und
wartete, den Blick bald zu den Tanzenden, bald zur Tür
schweifen ließ, konnte sie nicht umhin, die Unterhaltung
zwischen den beiden Damen mit anzuhören.

»Ich denke mir, Ma'am«, sagte Mrs Norris – die Augen
auf Mr Rushworth und Maria gerichtet, die zum zweiten
Mal miteinander tanzten –, »dass wir nun wieder zufriede-
nere Gesichter sehen werden.«

»Ja, Ma'am, das werden wir«, antwortete die andere
und setzte ein würdevolles Lächeln dazu auf; »jetzt ist es
eine rechte Wohltat, den beiden zuzuschauen, und es war
ja auch ein Jammer, dass sie gezwungen waren, sich zu
trennen. Jungen Leuten in ihrer Lage sollte man die alther-
gebrachten Umgangsformen erlassen – ich wundere mich,
dass mein Sohn es nicht schon vorgeschlagen hat.«

»Das hat er gewiss, Ma'am – Mr Rushworth ist niemals
säumig. Aber die liebe Maria hat so strenge Auffassungen
bei allem, was den Anstand anbetrifft, so viel von jenem
wahren Feingefühl, dem man heutzutage so selten begegnet, Mrs Rushworth – dem Wunsch, jede Peinlichkeit zu
vermeiden! – sehen Sie doch nur, liebe Ma'am, ihren Gesichtsausdruck in diesem Augenblick – wie anders als bei
den letzten beiden Tänzen!«

Tatsächlich sah Miss Bertram glücklich aus, ihre Augen
strahlten vor Vergnügen, und sie unterhielt sich sehr an-
geregt, denn Julia und deren Tanzpartner, Mr Crawford,

waren ganz in ihrer Nähe, ja sie drängten sich geradezu zusammen. Was für ein Gesicht sie vorher gemacht hatte, wusste Fanny nicht, denn sie selbst hatte mit Edmund getanzt und überhaupt nicht an sie gedacht.

»Es ist eine wahre Freude, Ma'am«, fuhr Mrs Norris fort, »junge Leute zu sehen, die auf so schickliche Weise glücklich sind und so gut zueinanderpassen – überhaupt ist alles, wie es sein soll! Ich muss immerzu daran denken, wie sehr der liebe Sir Thomas sich freuen wird. Und was sagen Sie zu der Aussicht, Ma'am, dass noch ein zweites Paar zusammenkommt? Mr Rushworth geht mit gutem Beispiel voran, und solche Dinge sind sehr ansteckend.«

Mrs Rushworth, die nie weiter als bis zu ihrem Sohn dachte, verstand sie nicht. »Das Paar neben den beiden, Ma'am. Sehen Sie da keine Anzeichen?«

»Liebe Güte, ja! – Miss Julia und Mr Crawford. Ja, tatsächlich, ein sehr schönes Paar. Wie steht es mit seinem Vermögen?«

»Viertausend im Jahr.«

»Nun ja. Wer nicht mehr hat, muss sich mit dem bescheiden, was er hat. Viertausend im Jahr ist ein sehr hübsches Einkommen, und er scheint mir ein wohlerzogener, zurückhaltender junger Mann, da hoffe ich, dass Miss Julia sehr glücklich wird.«

»Es ist noch nichts entschieden, Ma'am, bisher nicht. Ich spreche zu Ihnen als Freundin. Aber ich selbst bin überzeugt, dass es so kommen wird. Seine Aufmerksamkeiten lassen nicht mehr viel Grund zum Zweifel.«

Weiter hörte Fanny nicht zu. Fürs Erste hatte sie vom Hören und Staunen genug, denn Mr Bertram war zurück, und zwar wusste sie, dass es schon eine große Ehre wäre, wenn er sie aufforderte, aber sie stellte sich doch vor, dass es nicht anders kommen konnte. Er gesellte sich zu ihrem kleinen Zirkel, doch statt dass er sie zum Tanzen aufforderte, nahm er einen Stuhl und setzte sich zu ihr und erzählte ihr von einem kranken Pferd, nach dem er gerade gesehen hatte, von dessen Zustand und den Ansichten des Stallburschen. Fanny spürte, dass aus dem Tanz nichts werden würde, und in ihrer bescheidenen Art dachte sie sogleich, wie anmaßend es gewesen war, etwas anderes zu erwarten. Als er alles über das Pferd erzählt hatte, griff er nach einer Zeitung auf dem Tisch, und beim Durchblättern sagte er beiläufig: »Wenn du tanzen willst, Fanny, fordere ich dich auf.« Mit mehr als ebenbürtiger Höflichkeit lehnte Fanny ab; sie wünsche nicht zu tanzen. »Da bin ich froh«, antwortete er, nun schon wieder forscher, und legte die Zeitung beiseite; »ich bin hundemüde. Ich wundere mich nur, wie lange die anderen durchhalten. Sie müssen allesamt verliebt sein, dass sie an so einem Unsinn ihren Spaß haben – und das sind sie wohl, nehme ich an. Wenn du sie dir ansiehst, siehst du, dass es alles Liebespaare sind – außer Yates und Mrs Grant –, und unter uns gesagt, die arme Frau hätte bestimmt genauso gerne einen Liebhaber wie alle anderen. Es muss ein entsetzlich langweiliges Leben mit dem Doktor sein«, sagte er und schnitt eine Grimasse zu dem Stuhl hin, auf dem Letzterer gesessen hatte, nur um zu merken, dass er nun direkt neben ihm stand; so schlagartig wechselte er Ausdruck und Thema, dass Fanny unwillkürlich lachen musste. »Das sind ja schöne Geschichten in Amerika, Dr. Grant! Was halten Sie davon? Ich wende mich doch immer an Sie, wenn ich nicht weiß, was ich von den Geschehnissen der Welt draußen halten soll.«

»Mein lieber Tom«, rief seine Tante bald darauf, »da du nicht tanzt, hast du doch bestimmt nichts dagegen, uns bei einer Runde Whist Gesellschaft zu leisten, oder?«, und dann kam sie persönlich herüber, um die Bitte zu bekräftigen, und flüsterte ihm zu: »Wir wollen nämlich ein Spiel für Mrs Rushworth machen. Deine Mutter würde sehr gern spielen, aber sie kann nicht von ihrem Nähzeug weg. Mit dir und mir und Dr. Grant kommen wir hin; *wir* spielen nur um halbe Kronen, aber mit *ihm* kannst du auch halbe Guineen setzen.«

»Ich würde euch gern zu Diensten sein«, rief er und sprang dabei bereits auf, »mit dem größten Vergnügen, aber ich war eben im Begriff zu tanzen. Komm, Fanny« – hierbei ergriff er ihre Hand –, »trödle nicht, sonst ist der Tanz vorbei.«

Fanny ließ sich sehr bereitwillig davonführen, auch wenn sie gegenüber ihrem Cousin keine große Dankbarkeit dafür empfinden konnte oder, wie er es offensichtlich tat, einen Unterschied zwischen seiner eigenen Selbstsucht und der anderer machen.

»Eine wirklich bescheidene Bitte, muss ich sagen!«, rief er ärgerlich auf dem Weg zur Tanzfläche. »Mich für die nächsten zwei Stunden am Kartentisch festnageln, mit sich und Dr. Grant, wo die beiden sich immer streiten, und dieser langweiligen alten Frau, die von Whist genauso wenig versteht wie von Algebra. Ich wünschte, unsere gute Tante wäre nicht gar so geschäftig! Und mich auf solche Art zu fragen! – ohne alle Umstände, vor allen anderen, damit ich keine Möglichkeit zum Ablehnen habe! *Das* ist es, was mich am meisten ärgert. Das bringt mich mehr als alles andere in Harnisch – zu tun, als würde ich gefragt, als hätte ich die Wahl, und mich zugleich in einer Form anzusprechen, die mich zwingen soll, das Gewünschte zu tun! Wenn ich nicht auf die gute Idee gekommen wäre, dich zum Tanz aufzufordern, hätte ich in der Falle gesessen. Eine Unverschämtheit ist das. Aber wenn unsere Tante sich einmal etwas in den Kopf setzt, hält sie nichts mehr auf.«

T.C. BOYLE

Mein Abend mit Jane Austen

Ihre Hände waren kalt. Sie streckte sie mir entgegen, als ich den Salon betrat. »Mister Boyle«, kündigte mich das Dienstmädchen an, und Jane stand auf, um mich zu begrüßen, die kalten weißen Hände wie eine Opfergabe ausgestreckt. Ich ergriff sie, wünschte allseits einen guten Abend und nickte jedem der im Raum aufgereihten Augenpaare kurz zu. Da waren die Brüder, alle kleinwüchsig und mit zu großem Kopf, ihre Namen bekam ich nicht ganz mit; dann ihr Vater, der Pastor, und ihre Schwester, die Jungfer. Sie starrten mich an wie Haifische auf Beutezug. Ich trug rosa Stiefel, mein »Katastrophen«-T-Shirt und ein riesiges Tiki-Medaillon aus Neuseeland um den Hals. Unter den prüfenden Blicken sanken meine Schultern ein. Mein Witz verpuffte.

»Nehmen Sie Platz, mein Sohn«, sagte der Pastor, und ich sank zwischen zwei Brüdern auf ein Sofa nieder. Jane zog sich in einen Sessel am anderen Ende des Zimmers zurück. Cassandra – die Jungfer – schnappte sich wieder ihr Strickzeug. Einer der Brüder seufzte. Ich sah es kommen, mit all der Gewißheit und Unlogik eines Liebeswerberituals unter Ureinwohnern: eine Runde von höflichem Geplauder.

Der Pastor räusperte sich. »Nun, und was halten Sie denn von Mrs. Radcliffes neuem Buch?«

Ich balancierte ein Glas Sherry auf dem Knie. Der Pastor, Cassandra und die Brüder ließen winzige Löffel an den Rändern ihrer Teetassen entlangschaben. Jane knabberte an einem Croissant und fixierte mich mit ihren riesigen, starren Augen von der Seite. Einer der Brüder hatte soeben eine ätzende Bosheit auf die *Lyrical Ballads* abgelassen und kicherte immer noch darüber. An mein Ohr drangen schnurrende Katzen und tickende Uhren.

Ich sah auf die Uhr: erst siebzehn Minuten waren seit meiner Ankunft verstrichen.

Ich stand auf. »Tja, Herr Pastor«, sagte ich, »es wird wohl Zeit, daß Jane und ich dann langsam losziehen.«

Er musterte die brennende Hindenburg, die meine Brust zierte, und schmatzte mit den Lippen. »Aber Sie sind doch eben erst gekommen?«

Allzu viel Platz war im Alfa Romeo ja nicht für Cassandra, aber der Pastor und der Trupp seiner Söhne bestanden darauf, daß sie mitkam. Sie raffte ihre Röcke zusammen, klemmte sich auf den Notsitz und entfaltete einen Sonnenschirm, während Jane eine weiße Kappe über ihren Lockenkopf zog und einen Scherz über Phaëton und die Winde des Äolus versuchte. Der Pastor stand am Bordstein und überwachte meine Finger, als ich Jane dabei half, den Sicherheitsgurt anzulegen, und dann fuhren wir unter dem Knirschen von Kies und einer Wolke von Auspuffqualm davon.

Es war ein italienischer Schwarzweißfilm voller Sozialkritik und schwülem Sex. Ich saß zwischen den beiden Schwestern, auf dem Schoß einen großen Becher mit gebuttertem Popcorn. Janes Lippen waren leicht geöffnet, und ihre Augen schimmerten. Ich bot ihr Popcorn an. »Ich denke nicht, daß ich im Moment gerade welches essen möchte, danke«, sagte sie. Cassandra saß steif aufgerichtet auf dem Sitz, still und standhaft, wie ein Kilometerstein an einer Landstraße. Auch sie hatte kein Interesse an Popcorn.

In dem Film ging es um die Verführung einer langbeinigen Dorfschönheit durch einen schnurrbärtigen Abenteurer, der sich danach weigert, sie zu heiraten, da sie ja nicht mehr unberührt ist. Während seiner Hochzeitsnacht mit der Tochter eines wohlhabenden Kaufmanns verschafft sich die Geprellte, inzwischen hochschwanger, Zutritt in sein Haus und pocht auf ihr Recht. Sie wird achtkantig hinausgeworfen. Doch später in dieser Nacht, als die beiden Frischvermählten sich gerade im Ehebett wälzen …

Genau an dieser Stelle ergriff mich Jane am Arm und flüsterte, sie wolle jetzt lieber gehen. Was konnte ich tun? Ich tastete nach ihrem Schal, die Leute zischten ärgerlich, mächtige nackte Schenkel zuckten über die Leinwand, und wir strebten dem leuchtenden EXIT-Schild entgegen.

Ich schlug einen Club vor. »Oh, lassen Sie uns doch zu Fuß gehen!« sagte Jane. »Die Luft ist so herrlich erfrischend nach diesem gräßlich engen Kinosaal – meinen Sie nicht auch?« Tauben flatterten und gurrten. Ein Bettler lehnte am Kotflügel eines Autos und sabberte in den Rinnstein. Ich nahm Janes Arm. Cassandra nahm den meinen.

In *The Mooncalf* bekamen wir Stempel aus Leuchtfarbe aufs Handgelenk gedrückt und suchten uns dann einen Tisch in der Nähe der Tanzfläche. Die Kellnerin hatte Fingernägel wie grüne Dolche. Sie trug eine kantige Stoppelfrisur und Acht-Zentimeter-Absätze. Jane wollte Punsch, Cassandra Tee. Ich bestellte drei Margaritas.

Die Band inszenierte den Fall des Dritten Reichs, inmitten von Wolken aus grünem Qualm und blitzenden Lichtern. Wir betrachteten die Tänzer, die in Trainingsanzügen und Plateauschuhen ihre Hintern, Köpfe und Genitalien im Takt der Musik gegeneinanderrammten. Mir fiel Catherine Morland in Bath ein, und ich beschloß, Jane um einen Tanz zu bitten. Ich beugte mich über den Tisch. »Möchten Sie gern tanzen?« brüllte ich.

»Wie meinen Sie?« fragte Jane und beugte sich über ihren Margarita.

»Tanzen«, schrie ich und ahmte eine Bewegung nach, bei der ich sie in den Armen hielt.

»Nein, ich bedaure sehr«, sagte sie. »Besser nicht.«

Cassandra tippte meinen Arm an. »Also, ich hätte Riesenlust«, kicherte sie.

Jane nahm ihre Kappe ab und fuhr sich mit den Fingern durch die Locken, als Cassandra und ich vom Tisch aufstanden. Sie grinste und winkte uns nach, während wir in die Menge eintauchten. Über die Köpfe der Tanzenden hinweg sah ich, wie sie mißtrauisch an ihrem Drink schnupperte und sich dann zurücklehnte, um mit einem satirischen Blick ihrer schwarzen Augen die Szene zu betrachten.

Dann wandte ich mich Cassandra zu. Sie knickste leicht, packte mich dann in einer Art Foxtrott-Griff und begann, mit mir über die Tanzfläche zu schieben. Für eine so kleine Frau (ihre Nase pikste dauernd in die moribunde *Titanic,* die über meinem unteren Rippenbogen krängte) fand ich ihre Energie ganz erstaunlich. Wir walzten durch die Hüpfer und Hopser hindurch wie Kinder beim Ringelreihen um den Maibaum. Ich war sogar dabei, mich richtig zu amüsieren, als ich zu Jane an unserem Tisch hinübersah und bemerkte, daß sich ihr ein Mann mit Schnurrbart und mächtigen schwarzen Koteletten zugesellt hatte. Er trug ein Rüschenhemd, eine altmodische Krawatte und Frackschöße, die bis zum Fußboden reichten, als er sich setzte. Im selben Moment schleuderte neben uns ein Musenjünger seine Partnerin in die Luft, fing sie an Hand- und Fußgelenk auf und wirbelte sie vor sich her wie ein Torero seine Capa. Als ich wieder aufblickte, saß Jane wieder allein und fixierte mich durch das Gewühl der Köpfe.

Die Band schloß mit einem metallisch knirschenden Mißton, und ich machte mich mit Cassandra auf den Rückweg zu unserem Tisch. »Wer war denn der?« fragte ich Jane.

»Wer war wer?«

»Dieser schnurrbärtige Mördergeselle, der eben noch bei Ihnen saß?«

»Ach«, sagte sie. »Der.«

Mir wurde bewußt, daß Cassandra immer noch meine Hand gepackt hielt.

»Nur ein Bekannter.«

Als wir in Steventon vor dem Haus hielten, sah ich an einem der Zaunpfähle ein angeleintes Pferd. Das Tier hob den Schweif und senkte ihn dann wieder. Jane wurde plötzlich ganz stürmisch. Sie schnalzte mit der Zunge und rief das Pferd beim Namen. Es stellte sofort die Ohren auf. Ich fragte sie, ob sie Pferde mochte. »Mmh?« machte sie und musterte dabei schon die Silhouetten, die sich auf den Vorhängen des Salons abzeichneten. »Ach ja, ja. Sehr sogar«, sagte sie, und dann löste sie den Sicherheitsgurt, stieß die Autotür auf und trippelte die Stufen ins Haus hinauf. Ich schaltete die Zündung ab und trat auf die dunkle Auffahrt hinaus. Im Gebüsch sägten die Grillen ihre Beinchen aneinander. Cassandra streckte mir die Hand entgegen.

Cassandra geleitete mich in den Salon, wo ich überrascht war, den schnurrbärtigen Tunichtgut aus dem *Mooncalf* anzutreffen. Er hielt eine Tasse Tee in der Hand. Seine Stiefel blinkten, als hätte er sie mit der Rasierklinge abgezogen. Er unterhielt sich gerade mit Jane.

»So, so«, begrüßte mich der Pastor und trat aus dem Dunkel hervor. »Habt ihr euch gut amüsiert?«

»O ja, und wie, Vater«, sagte Cassandra.

Jane lächelte mich wieder an. »Mr. Boyle?« sagte sie. »Kennen Sie schon Mr. Crawford?« Ihre Brüder mit dem zarten Knochenbau und den entstellend großen Köpfen versammelten sich um sie. Crawfords Koteletten reichten ihm bis fast ans Kinn hinab. Ich streckte die Hand zum Gruß aus. Er verlagerte die Teetasse und gab mir einen festen Händedruck. »Sehr erfreut«, sagte er dabei.

Wir nahmen alle Platz (Crawford schob sich neben Jane auf den intimen Zweisitzer, ich endete wieder auf dem Sofa zwischen Cassandra und einem der Brüder in Marineuniform), und das Mädchen tischte uns Tee und Kekse auf. Irgend etwas lief völlig schief – das war mir klar. Die Brüder waren nicht so geistreich wie sonst, der Pastor verlor mitten in einer Kritik an Coleridges Kult des Kunstvollen völlig den Faden, und Cassandra ließ eine Masche fallen. In der Ecke hielt Crawford im Flüsterton ein Zwiegespräch mit Jane. Ihre Wangen, die sonst eher leicht eingefallen waren, wirkten jetzt deutlich straffer und zeigten sogar eine gewisse Farbe. Jetzt erst wurde mir alles klar. »Crawford?« sagte ich und kam auf die Beine. »Henry Crawford?«

Er sprang auf wie ein Revolverheld, der zur Schießerei am OK Corral gefordert wird. »Stimmt genau«, sagte er grienend. Seine Augen waren tief und kalt wie Gletscherspalten. Er wirkte ziemlich stattlich – bis mir klar wurde, daß er nicht größer war als eins sechzig bis eins dreiundsechzig, die Absätze machten auch noch ein paar Zentimeter aus.

Plötzlich hielt ich ihn am Ellenbogen gepackt. Der Tiki-Anhänger an meinem Hals bebte. »Ich hätte Sie gerne kurz mal gesprochen«, sagte ich. »Draußen im Garten.«

Die Brüder hatten sich erhoben. Der Pastor verschüttete seinen Tee. Crawford entriß den Arm meinem Griff und stolzierte zur Tür in den Garten hinaus. In meinen Ohren gellten die Geräusche der Nacht, hinter mir murmelten die Brüder miteinander, und während ich die Tür schloß, grinste Jane mich an, als hätte ich soeben den Witz des Jahrhunderts erzählt.

Crawford erwartete mich im gezackten Schatten der Bäume und wirbelte zu mir herum wie ein aufgestöbertes Raubtier. Ich verspürte eine große Kraft in mir aufwallen.

Am liebsten hätte ich ihn ein Arschloch genannt, aber in Anbetracht der Epoche ließ ich es beim Schuft bewenden. »Sie Schuft«, sagte ich und stieß ihn einen Schritt zurück, »wie können Sie es wagen, hier herumzuschnüffeln – nach allem, was Sie Maria Bertram in *Mansfield Park* angetan haben? Menschen wie Sie – verdorbene, gewissenlose Egozentriker – schüren doch nur die sinnliche Gier, den ganzen Kummer dieser Welt und gefährden noch die geringste Hoffnung auf ein Happy-End.«

»Hah!« sagte er. Dann trat er einen Schritt vor, und der Mond erhellte sein Gesicht. Seine Augen sahen aus wie die Erschaffung des Bösen. In der Hand hielt er einen Reithandschuh. Damit versetzte er mir einen Schlag ins Gesicht. »Morgen früh, bei Tagesanbruch«, zischte er. »Unter der Brücke.«

»Na gut, Klugscheißer«, sagte ich, »na gut«, aber ich fühlte, wie mir die *Titanic* unter den Gürtel sank.

Im nächsten Moment war die Nacht von Hufgeklapper erfüllt.

Im Salon empfing mich Schweigen. Als ich durch die Tür trat, starrten mich alle an, meiner schon überdrüssig. Bis auf Cassandra, die in ihr Strickzeug vertieft war, und Jane, die über ein Notizbuch gebeugt saß und hastig hineinschrieb wie eine Gerichtsstenographin. Der Pastor räusperte sich, und Jane blickte auf. Sie kritzelte noch ein oder zwei Zeilen hinein, dann stand sie auf, um mich zu verabschieden. Sie führte mich durch den Salon und den Flur zum Ausgang. An der Tür blieben wir stehen.

»Es war ein denkwürdiger Abend«, sagte sie und warf

dabei einen kurzen Blick auf Cassandra, die an der Tür zum Salon erschienen war. »Kommen Sie unbedingt einmal wieder.« Und dann streckte sie mir beide Hände entgegen.

Ihre Hände waren kalt.

DAVID NICHOLLS

Sweet Sorrow

Die Schulabgänger-Disco stand in dem Ruf, römische Ausmaße von Dekadenz zu erreichen, die nur noch von den Biologie-Exkursionen übertroffen wurden. Unsere Arena war die Turnhalle, die so groß war, dass darin bequem ein Passagierflugzeug Platz gefunden hätte. Um eine Illusion von Gemütlichkeit zu erzeugen, waren uralte Wimpel zwischen den Sprossenwänden aufgespannt worden, und eine Discokugel hing von einer Kette herab wie ein mittelalterlicher Morgenstern, trotzdem wirkte die Halle leer und kahl, und bei den ersten drei Liedern blieben wir auf den Bänken sitzen und beäugten uns über das verkratzte, staubige Parkett hinweg wie verfeindete Lager auf einem Schlachtfeld, während wir die letzten von Debbie Warwicks Likörfläschchen herumreichten und uns Mut antranken, bis nur noch Cointreau übrig war, und Cointreau war eine Grenze, die keiner von uns zu überschreiten wagte. Mr Dalton, Erdkunde, gab den DJ und wechselte verzweifelt von *I Will Survive* über *Baggy Trousers* zu *Relax*, bis Mr Pascoe ihn bat, es langsam ausklingen zu lassen. Noch eine Stunde und fünfzehn Minuten. Wir verschwendeten Zeit …

Aber dann kam Blurs *Girls and Boys,* und als wäre das das Signal zum Ausbruch, stürmten plötzlich alle auf die

Tanzfläche, tanzten wild durcheinander und blieben dort, um auch bei den folgenden Pophymnen mitzusingen. Mr Hepburn hatte ein Stroboskoplicht angemietet, das er jetzt mit zügelloser Missachtung der Gefahr für Leib und Leben einsetzte. Wir starrten fasziniert unsere Hände an, saugten die Wangen ein und bissen uns auf die Unterlippe, wie die Raver, die wir im Fernsehen gesehen hatten, reckten die Fäuste in die Luft und stampften, bis unsere Hemden klatschnass waren. Ich sah, wie das »friends4ever« auf meinem Hemd zu verlaufen drohte, und in einer plötzlichen sentimentalen Anwandlung für das Erinnerungsstück bahnte ich mir einen Weg zurück zu der Bank, an der ich meine Tasche abgestellt hatte, schnappte mir meine alten Sportsachen, schnüffelte daran, um mich zu vergewissern, dass sie noch einigermaßen im grünen Bereich waren, und ging in die Jungenumkleide.

Wenn es, wie in Horrorfilmen, tatsächlich so ist, dass die Mauern und das Fundament eines Gebäudes die Gedanken und Gefühle derjenigen absorbieren, die sich darin aufhalten, hatte diese Umkleide dringend einen Exorzismus nötig, denn hier waren schreckliche Dinge geschehen. In einer Ecke lag ein Haufen übelriechender Fundsachen – vergammelte Handtücher, unaussprechliche Socken, uralt und komprimiert wie Torfmoor –, in dem wir mal Colin Smart begraben hatten, und da drüben hatte man Paul Bunce so brutal die Unterhose hochgezogen, dass er in die Notaufnahme gemusst hatte. Dieser Ort war wie ein MMA-Kampfkäfig, in dem kein Tiefschlag, egal ob körperlich oder verbal, verboten war, und als ich mich zum letzten Mal auf die Bank setzte, wobei ich sorgfältig darauf achtete, mich zwischen die Garderobenhaken zu setzen, die schon zu viele Opfer gefordert hatten, überkam mich plötzlich eine sagenhafte Traurigkeit. Vielleicht war es nur ein Anfall von Nostalgie, aber das glaubte ich nicht; nostalgische Gefühle für Federmäppchen voller Flüssigseife und das Klatschen nasser Handtücher? Wahrscheinlich war es eher Bedauern über die Dinge, die nicht passiert waren, Transformationen, die nicht stattgefunden hatten. Eine Raupe spinnt sich in einen Kokon ein, und in der schützenden Schale verformen sich Zellwände, Moleküle wirbeln durcheinander, organisieren sich neu, und wenn der Kokon aufplatzt, kommt eine noch größere, haarigere Raupe zum Vorschein, die nicht mehr ganz so zuversichtlich in die Zukunft blickt.

Ich war in letzter Zeit ziemlich anfällig für solche grüblerischen Anwandlungen und schüttelte jetzt den Kopf, um sie buchstäblich abzuschütteln. Der ganze Sommer lag noch vor mir; sollte es in dieser Zeit zwischen Bedauern über die Vergangenheit und Angst vor der Zukunft nicht möglich sein, ein bisschen Spaß zu haben, das Leben zu genießen, etwas zu erleben? Alle meine Freunde waren nebenan und tanzten sich die Seele aus dem Leib. Rasch zog ich mir das alte T-Shirt über den Kopf, warf einen flüchtigen Blick auf die Sprüche auf meinem Schulhemd und entdeckte, ganz unten am Saum, die Worte:

Wegen dir hab ich geheult

Ich faltete das Hemd sorgfältig zusammen und packte es in meine Tasche.

In der Turnhalle hatte Mr Hepburn mittlerweile *Jump Around* aufgelegt, und auf der Tanzfläche ging es jetzt wilder und aggressiver zu, die Jungs warfen sich gegeneinander, als wollten sie eine Tür aufbrechen. »Mein Gott, Charlie«, sagte Miss Butcher, Theater-AG, »das alles ist so unglaublich *emotional*!« Den ganzen Tag über hatten sich die vertrauten Leidenschaften – Bosheit und Sentimentalität, Liebe und Lust – auf ein Maß hochgeschaukelt, das auf Dauer nicht haltbar war. Die Luft schwirrte förmlich, und in dem Versuch, allem zu entkommen, stieg ich auf das Klettergerüst, quetschte mich zwischen die Sprossen und dachte über diese fünf schnell, aber ordentlich und zielstrebig hingeschriebenen Wörter nach. Ich versuchte mich an ein Gesicht zu erinnern, es unter all den anderen Gesichtern in der Turnhalle auszumachen, aber es war wie bei einem dieser Krimis, in denen jeder ein Motiv hat.

Ein neuer Trend war entstanden: Jungs nahmen andere Jungs huckepack und rammten sich mit voller Wucht, wie bei einem Ritterturnier. Selbst über die Musik hinweg hörte man Körper auf dem Parkett aufschlagen. Eine wüste Schlägerei war im Gange, in einer Hand blitzte ein Schlüssel auf, und Mr Hepburn legte die Spice Girls auf, um die öffentliche Ordnung wiederherzustellen, eine Art musikalischer Wasserwerfer für die Jungs, die sich an den Rand zurückzogen und deren Plätze von den Mädchen eingenommen wurden, die herumhüpften und mit den Fingern wackelten. Miss Butcher löste Mr Hepburn am Mischpult ab. Ich sah, wie er mir zuwinkte, über die Tanzfläche eilte und dabei ständig nach links und rechts schaute, als würde er eine Autobahn überqueren.

»Und, Charlie? Wie findest du's?«

»Sie haben Ihre Berufung verfehlt, Sir.«

»Pech für das Nachtleben, Glück für die Geografie«, sagte er und quetschte sich neben mich zwischen die Sprossen. »Nenn mich Adam. Wir sind jetzt beide Zivilisten, oder zumindest in, na ja, sagen wir, einer halben Stunde? In einer halben Stunde kannst du mich nennen, was du willst!«

Ich mochte Mr Hepburn und bewunderte seine Hartnäckigkeit angesichts der lautstarken Gleichgültigkeit. *Nichts für ungut, Sir, aber wozu das alles?* Unter all den Lehrern, die sich darum bemühten, war ihm am ehesten der Balanceakt gelungen, anständig zu wirken, ohne sich anzubiedern, immer wieder hatte er dunkle Andeutungen über »wilde Wochenenden« oder Lehrerzimmer-Intrigen fallen lassen und gerade genug kleine Akte der Rebellion – eine schief gebundene Krawatte, ein Dreitagebart, ungekämmte Haare – an den Tag gelegt, um glaubhaft zu machen, dass er auf unserer Seite war. Manchmal fluchte er sogar, warf Schimpfwörter unters Volk wie Süßigkeiten.

Trotzdem gab es keine Welt, in der ich ihn Adam nennen würde.

»Und – freust du dich aufs College?«, fragte er. Anscheinend wollte er mir eine motivierende Rede halten.

»Ich glaub, das wird nichts, Sir.«

»Das weißt du doch noch gar nicht. Du hast dich doch beworben, oder?«

Ich nickte. »Kunst, Informatik und Grafikdesign.«

»Großartig.«

»Meine Noten sind nicht gut genug.«

»Das ist doch noch gar nicht raus.«

»Ich bin mir ziemlich sicher, Sir. Ich war doch die Hälfte der Zeit nicht da.«

Er wollte mir mit der Faust aufs Knie klopfen, überlegte es sich jedoch anders. »Tja, falls nicht, gibt es andere Möglichkeiten. Wiederholen, was Unkonventionelleres tun. Ein Junge wie du, mit so vielen Talenten …« Ich zehrte immer noch von dem Lob, mit dem er vor Jahren mein Vulkan-Projekt überschüttet hatte, als wäre es das Nonplusultra in Sachen Vulkanquerschnitten gewesen, als hätte ich irgendeine fundamentale Wahrheit entdeckt, nach der die Vulkanologie jahrhundertelang gesucht hatte. Aber das Wort »Talent« war in dem Zusammenhang wohl doch zu hoch gegriffen.

»Nein, ich besorge mir einen Vollzeitjob, Sir. Ich gebe mir noch bis September, dann …«

»Ich erinnere mich immer noch an deine Vulkanquerschnitte. Deine Kreuzschraffur war wirklich ein Meisterwerk.«

Unerwarteter- und beschämenderweise merkte ich, dass mir die Tränen kamen. »Lange her, das mit den Vulkanen«, sagte ich achselzuckend. Sollte ich die Sprossenwand weiter hochklettern, um ihm zu entkommen?

»Aber vielleicht hilft dir das irgendwie weiter.«

»Vulkane?«

»Das Zeichnen, Grafik und so. Wenn du mit mir darüber reden willst, sobald deine Noten feststehen …«

… oder ihn runterschubsen? War ja nicht allzu tief.

»Ich komm schon klar.«

»Na schön, Chaz, aber ich verrate dir jetzt ein Geheimnis …« Er beugte sich zu mir herüber, und ich konnte seine leichte Bierfahne riechen. »Also: Ist alles scheißegal. Das, was jetzt passiert, spielt später überhaupt keine Rolle. Ich meine, irgendwie *schon,* aber nicht in dem Maß, wie man glauben würde, und du bist noch jung, so *jung.* Du kannst aufs College gehen, jetzt oder auch später, wenn du dazu bereit bist, aber du hast so unglaublich. Viel. Zeit. Mann …« Versonnen schmiegte er die Wange an eine Sprosse. »Wenn ich eines Morgens aufwachen würde und wieder sechzehn wäre …«

Und gerade als ich mich von der Sprossenwand stürzen wollte, fand Miss Butcher den Knopf für das Stroboskop und hielt ihn einen langen, langen Moment gedrückt, bis plötzlich jemand aufschrie, ein Strudel in der wogenden Menge entstand und sich im zuckenden Licht zu den Klängen von MMMBOP ein panischer Kreis um Debbie Warwick bildete; sie würgte, und ein Schwall magnesiumweißer Kotze quoll ihr aus dem Mund, die in einer rasenden Reihe von Momentaufnahmen wie in einem höllischen Stop-Motion-Film über Schuhe und nackte Beine spritzte, und die Hand, die sie sich auf den Mund presste, ließ den Strahl noch höher sprudeln, als würde man einen Finger auf einen Wasserschlauch pressen, bis sie schließlich zusammengekrümmt und allein in einem Kreis aus lachenden, kreischenden Teenagern zurückblieb. Erst jetzt nahm Miss Butcher den Finger vom Knopf, bahnte sich vorsichtig einen Weg durch die Menge und strich Debbie beruhigend mit den Fingerspitzen der ausgestreckten Hand über den Rücken.

»Hier geht's zu wie im Studio 54«, sagte Mr Hepburn und sprang von der Sprossenwand. »Stroboskop-Überdosis.« Die Musik verstummte, während die Jugendlichen sich mit rauen Papierhandtüchern die Beine abwischten und Parky, der Hausmeister, Sägemehl und Desinfektionsmittel holte. »Noch zwanzig Minuten, Ladys und Gentlemen«, sagte Mr Hepburn, der an den Plattenteller zurückgekehrt war. »Das bedeutet, es ist Zeit für etwas Langsameres …«

Langsamere Lieder boten Gelegenheit zu schulisch sanktioniertem Steh-Petting. Die ersten Akkorde von 2 *Become I* hatten die Tanzfläche leer gefegt, aber jetzt fand am Rand der Tanzfläche eine Reihe von hektischen Verhandlungen statt, als, dank einer freundlichen Spende des Chemielaboranten, eine kleine Menge Trockeneis zum Einsatz kam, eine Tarnvorrichtung, die bis auf Hüfthöhe anstieg. Sally Taylor und Tim Morris wateten als Erste durch den Nebel, gefolgt von Sharon Findlay und Patrick Rogers, den Sexpionieren der Schule, deren Hände ständig tief in der Hose des anderen vergraben waren, als wollten sie Lose ziehen, dann sprangen Lisa »The Body« Boden und Mark Solomon, Stephen »Shanksy« Shanks und »Queen« Alison Quinn leichtfüßig über das Sägemehl.

Aber sie alle waren in unseren Augen alte Ehepaare. Wir brauchten einen neuen Kick. Aus einer entfernten Ecke hörte man anfeuernde Schreie, als der kleine Colin Smart Patricia Gibsons Hand nahm, und ein Korridor bildete sich, als sie halb ins Licht gestoßen, halb gezerrt wurde und mit der freien Hand ihr Gesicht schützte wie eine Angeklagte vor einem Gerichtsprozess. Überall in der Halle begannen Jungen und Mädchen mit Kamikaze-Aufforderungen, die mal angenommen, mal abgelehnt wurden, und die Verschmähten lächelten verkrampft, während die Umstehenden höhnisch Beifall klatschten.

»Ich hasse diesen Teil, und du?«

Helen Beavis hatte sich zu mir gesellt, ein großes, kräftiges Mädchen mit künstlerischen Ambitionen und eine preisgekrönte Hockeyspielerin, die manchmal auch »der Maurer« genannt wurde, wenn auch nicht in ihrer Gegenwart. »Sieh dir das an«, sagte sie. »Lisa versucht, Mark Solomon die Zunge in den Hals zu schieben.«

»Ich wette, er hat das Kaugummi noch im Mund …«

»Vielleicht schieben sie ihn hin und her. Kleines Tischtennismatch. Pock-pock-pock …«

Helen und ich hatten ein paar vorsichtige Versuche unternommen, Freundschaft zu schließen, aber es war nie was daraus geworden. Im Kunsttrakt gehörte sie zu den coolen Leuten, die große, abstrakte Gemälde mit Titeln wie »Sektoren« malten und die immer was im Tonbrennofen stehen hatten. Wenn es bei Kunst um Emotion und Selbstausdruck ging, dann war ich höchstens ein geschickter Zeichner – detaillierte, stark schraffierte Skizzen von Zombies, Weltraumpiraten und Totenschädeln, alle mit nur einem Auge, eine aus Computerspielen, Comics, Sci-Fi und Horror entlehnte Symbolik, die Art von detaillierten gewaltaffinen Bildern, die bei Schulpsychologen die Alarmglocken losschrillen lassen. »Eins muss man dir lassen, Lewis«, hatte Helen mal ironisch gesagt, als sie einen meiner intergalaktischen Söldner auf Armeslänge von sich hielt, »du kannst echt männliche Torsos zeichnen. Und Capes. Man stelle sich vor, was du erst zustande bringst, wenn du mal was *Echtes* zeichnest.«

Ich hatte nicht geantwortet. Helen Beavis war zu clever für mich, und das auf eine unprätentiöse, persönliche Art, die keine Büchergutscheine zur Bestätigung brauchte. Sie war auch witzig, murmelte ihre besten Jokes allerdings nur halblaut vor sich hin, zu ihrer privaten Belustigung. Sie benutzte mehr Wörter als nötig, wobei sie jedes zweite ironisch betonte, sodass ich nie ganz sicher war, ob sie etwas wörtlich meinte oder das Gegenteil. Das mit den Wörtern war schon knifflig genug, wenn sie nur eine Bedeutung hatten, und unsere Freundschaft scheiterte vor allem daran, dass ich nicht mit ihr mithalten konnte.

»Weißt du, was wir in dieser Turnhalle dringend bräuchten? Aschenbecher. Ausziehbare Aschenbecher am Ende jeder Sprosse. Hey, dürfen wir schon rauchen?«

»Erst in … zwanzig Minuten.«

Wie alle unsere besten Sportler war Helen Beavis eingefleischte Raucherin und zündete sich schon am Tor eine an, und ihre Marlboro Menthol hüpfte auf und ab wie Popeyes Pfeife, wenn sie lachte; einmal hatte ich gesehen, wie sie sich ein Nasenloch zugehalten und fast vier Meter weit über eine Ligusterhecke gerotzt hatte. Sie hatte so ziemlich den hässlichsten Haarschnitt, den ich je gesehen hatte: oben stachelig, hinten lang und strähnig und an den Seiten zwei spitz zulaufende Koteletten, die aussahen wie mit Kugelschreiber aufgemalt. In der komplizierten Algebra des Oberstufen-Aufenthaltsraums waren eine schreckliche Frisur plus künstlerische Ambitionen plus Hockey plus unrasierte Beine gleich Lesbe, für uns Jungs damals ein überaus machtvolles Wort, das ein eigentlich interessantes Mädchen komplett uninteressant machen konnte. Es gab zwei – und nur zwei – Arten von Lesben, und Helen war nicht die Art, die man in Martin Harpers Männermagazinen fand, und so beachteten die Jungs sie kaum, was ihr aber vermutlich nicht den Schlaf raubte. Trotzdem mochte ich sie und versuchte sie zu beeindrucken, was meist damit endete, dass sie langsam den Kopf schüttelte.

Jetzt endlich kam die Discokugel zum Einsatz und verwandelte die Turnhalle in ein Planetarium. »Ah. Wie magisch«, sagte Helen und deutete mit einem Nicken auf die sich langsam drehenden Tanzpaare. »Immer im Uhrzeigersinn, ist dir das aufgefallen?«

»In Australien drehen sie sich andersrum.«

»Und auf dem Äquator stehen sie einfach da. Sehr verlegen.« *2 Become I* ging in das kitschig-süßliche *Greatest Love of All* von Whitney Houston über. »Ach du Schande«, sagte Helen und lockerte ihre Schultern. »Ich hoffe für uns alle, dass Kinder *nicht* unsere Zukunft sind.«

»Ich glaube nicht, dass Whitney Houston dabei die Schüler dieser Schule im Kopf hatte.«

»Nee, vermutlich nicht.«

»Und die zweite Sache, die ich an diesem Song nie kapiert hab: *Learning to love yourself, it is the greatest love of all* – ich meine, wieso soll Selbstliebe die größte Liebe sein?«

»Es wär logischer, wenn sie statt ›love‹ ›loathe‹ singen würde.« Wir lauschten.

»Learning to loathe yourself …«

»… is the greatest loathe of all. Der größte Hass überhaupt. Ja, klingt gleich viel machbarer. Und das Beste ist, das funktioniert bei praktisch jedem Liebeslied.«

»She loathes you …«

»Genau.«

»Danke, Helen. Jetzt ergibt alles einen Sinn.«

»Gern geschehen.« Wir wandten uns wieder der Tanzfläche zu. »Trish sieht überglücklich aus«, sagte sie, und wir beobachteten Patricia Gibson, die immer noch mit der Hand ihr Gesicht schützte, und versuchte, gleichzeitig zu tanzen und zurückzuweichen. »Colin Smarts Hose ist an komischen Stellen ausgebeult. Seltsamer Ort, um sein Geodreieck aufzubewahren. Boing!« Helen tat, als würde sie eine Gitarrensaite zupfen. »Ist mir auch mal passiert. Bei der Weihnachtsdisco der Methodisten, mit jemandem, dessen Namen ich aus rechtlichen Gründen nicht nennen darf. War nicht schön. Als würde einen die Ecke eines Schuhkartons in die Hüfte piksen.«

»Jungs haben wohl mehr davon als Mädchen.«

»Dann reibt es doch an einem Baum oder so. Es ist einfach unhöflich. Tu so was nicht, Charles.« Andernorts suchten Hände Pobacken, blieben schlaff und ängstlich darauf liegen oder kneteten das Fleisch wie Pizzateig. »Mann, das ist echt ein unappetitliches Spektakel. Und das sage ich nicht nur wegen meines vielgepriesenen *Lesbianismus.*« Ich rutschte unruhig auf meiner Sprosse herum. So viel Offenheit und Direktheit war ich nicht gewohnt. Am besten ignorieren. Dann, nach einer kurzen Pause:

»Und, hast du Lust zu tanzen?«, fragte sie.

Ich runzelte die Stirn. »Och, nö. Keine Lust.«

»Ja, geht mir genauso«, sagte sie. Nach einer Weile fügte sie hinzu: »Aber wenn du jemand anders fragen willst …«

»Nein, wirklich, keine Lust.«

»Kein heimlicher Schwarm, Charlie Lewis? Nichts, was du dir in diesen letzten Augenblicken von der Seele reden willst?«

»Ich hab … damit einfach nichts am Hut. Und du?«

»Ich? Nee, ich bin eine Maschine. Dieser ganze …« Sie deutete mit dem Kopf auf die Tanzfläche. »Das ist kein Trockeneisnebel, das sind tief fliegende Hormone. Riech mal. Liebe ist wie …« Wir schnüffelten. »Cointreau und Desinfektionsmittel.«

Eine Rückkoppelung, dann Mr Hepburns dröhnende Stimme, zu nah am Mikro. »Letzter Song, Ladys und Gentlemen, der allerletzte Song! Ich will euch alle mit jemandem tanzen sehen – nur Mut, Leute!« *Careless Whisper* ertönte, und Helen deutete auf eine Gruppe, aus der sich ein Mädchen löste. Emily Joyce kam auf uns zu und fing an zu reden, noch ehe sie nah genug war, dass wir sie verstehen konnten.

»…«

»Was?«

»…«

»Ich kann dich nicht hören.«

»Hi! Ich wollte nur Hi sagen, mehr nicht.«

»Hallo, Emily.«

»Helen.«

»Hallo, Emily.«

»Was macht ihr?«

»Wir spannen«, sagte Helen.

»Was?«

»Wir schauen zu«, sagte ich.

»Hast du gesehen, wie Mark Lisa die Hand unter den Rock geschoben hat?«

»Nein, das haben wir leider verpasst«, sagte Helen. »Aber wir haben sie knutschen sehen. Was für ein Anblick.

Hast du schon mal gesehen, wie ein Netzpython ein Pinselohrschwein frisst, Emily? Anscheinend haken sie ihren Unterkiefer aus, bis ganz nach hinten …«

Emily sah Helen mit schmalen Augen an. »Was?«

»Ich sagte, hast du je gesehen, wie ein Netzpython ein …«

»Also, willst du jetzt tanzen oder nicht?«, fuhr Emily mich ungeduldig an und pikste mir mit spitzem Zeigefinger gegen die Kniescheibe.

»Kümmert euch nicht um mich«, sagte Helen.

Ich glaube, ich habe die Wangen aufgepustet und dann die Luft entweichen lassen. »Na schön«, sagte ich und sprang von der Sprossenwand.

»Passt auf, dass ihr nicht auf der Kotze ausrutscht, ihr Turteltäubchen«, sagte Helen, als wir die Tanzfläche betraten.

Ich breitete die Arme aus, Emily nahm meine Hände, und einen Moment lang standen wir mit ausgestreckten Armen und verschränkten Fingern da wie Rentner beim Tanztee, bis Emily mich korrigierte und meine Hände auf ihren Rücken legte. Bei der ersten Drehung schloss ich die Augen und versuchte, mir darüber klar zu werden, was ich empfand. Das künstliche Sternenlicht suggerierte, dass ich romantische Gefühle haben sollte, das schnarrende Saxofon, ihr Becken, das sich an meins presste, und der Verschluss ihres BHs unter meinen Fingern hätten Verlangen auslösen müssen, aber das einzige Gefühl, das ich eindeutig identifizieren konnte, war Verlegenheit, und mein einziges Verlangen war, dass die Musik möglichst bald endete. Liebe und

Leidenschaft waren zu sehr mit Lächerlichkeit verknüpft, und tatsächlich wackelte Lloyd auf der anderen Seite der Halle lüstern mit der Zunge, und Fox hatte mir den Rücken zugewandt und die Arme überkreuzt und streichelte sich mit den Händen die Schultern. Ich zeigte ihnen hinter Emilys Rücken den Mittelfinger, was ich ziemlich geistreich fand, und wir drehten uns erneut, während das Saxofon weiterspielte. *Sag was, irgendwas …*

Emily brach das Schweigen. »Du riechst nach Junge.«

»Oh. Ja, das sind meine Sportklamotten. Sorry, ich musste mich umziehen.«

»Nein, ich mag's«, sagte sie, rieb ihr Gesicht an meinem Nacken, und ich spürte etwas Feuchtes, das entweder ein Kuss oder ein feuchtes Flanelltuch war. Von Großmüttern mal abgesehen war ich bisher nur ein paarmal geküsst worden, obwohl »Gesichtskollision« vielleicht eine treffendere Bezeichnung für das wäre, was bei einem Schulausflug zu einer römischen Ruine in einem abgedunkelten Raum einer audiovisuellen Ausstellung passiert war. Es gibt keinen guten Grund, warum man instinktiv wissen sollte, wie man küsst – und man kann es, wie Snowboarden oder Stepptanzen, auch nicht durch Zuschauen lernen –, aber Becky Boyne hatte ihre Kenntnisse darüber anscheinend aus Disney-Filmen; sie presste die geschürzten Lippen fest aufeinander und bedeckte mein Gesicht mit kleinen Küssen, was sich anfühlte, als würde ein Vogel Körner aufpicken. Aus Filmen wussten wir auch, dass ein Kuss nie geräuschlos war, und so war jeder ihrer Küsse von einem leisen Schmatzen begleitet, das so künstlich klang wie das Klippklapp, mit dem das Geräusch von Pferdehufen nachgeahmt wird.

Die Augen offen oder geschlossen? Ich ließ sie offen, für
den Fall, dass wir entdeckt wurden, und las einen Ausstel-
lungstext an der Wand. Anscheinend hatten die Römer die
Fußbodenbeheizung erfunden, und das Schmatz-schmatz-
schmatz ging weiter, wurde immer fester und hartnäckiger,
wie ein Tacker.

Sharon Findlay zu küssen war dagegen, wie eingequetscht hinter einem Sofa von einem Hai attackiert zu
werden. Harper hatte einen berüchtigten Hobbykeller, in
dem es an Freitagabenden zuging wie im Atombunker der
Playboy Mansion. Hier gab er seine exklusiven, angesagten
»DVD-Partys« und reichte sein Hausmarken-Lagerbier, das
mit löslichem Aspirin versetzt war – die Olive in unserem
Martini – und durch einen Strohhalm getrunken so stark
war, dass Sharon und ich uns irgendwann knutschend
zwischen Staubmäusen und toten Fliegen hinter dem Sofa
wiederfanden. Mir war noch nie so bewusst gewesen, dass
die Zunge ein Muskel ist, ein hautloser roter Muskel, wie
der Arm eines Seesterns, und als ich versuchte, ihr meine
ebenfalls in den Mund zu schieben, rangen unsere Zungen
miteinander wie Betrunkene, die sich gleichzeitig durch
eine zu schmale Tür quetschen wollten. Versuchte ich, den
Kopf zu heben, wurde er sofort wieder auf den staubigen
Boden gepresst, mit derselben kraftvollen Bewegung, die
es braucht, um eine Grapefruit auszupressen. Ich erinnere
mich noch dunkel, dass Sharon Findlay rülpste und sich
meine Wangen aufblähten, und als wir uns schließlich voneinander lösten, wischte sie sich mit dem Unterarm den
Mund ab. Danach blieb ich benommen, mit schmerzendem
Kiefer, eingerissenen Mundwinkeln und wunder Zunge

zurück; schlecht war mir auch, nachdem ich, vorsichtig geschätzt, ungefähr einen halben Liter fremden Speichel geschluckt hatte, aber ich war auch seltsam aufgedreht, wie nach einer Höllenfahrt mit der Achterbahn, sodass ich nicht entscheiden konnte, ob ich es sofort oder nie wieder tun wollte.

Die Entscheidung wurde mir abgenommen, als sie später an jenem Abend mit Patrick Rogers zusammenkam. Wir kamen jetzt an den beiden vorbei, die unter der institutionellen Discokugel standen und sich die Plomben zu klauen versuchten. Wieder spürte ich eine feuchte Berührung am Hals und hörte, wie Emily etwas murmelte, das ich wegen der Musik nicht verstand.

»Was?«

»Ich sagte …« Wieder murmelte sie etwas an meinem Hals, von dem ich nur das Wort »Bad« verstand.

»Ich hab dich immer noch nicht verstanden.«

Wieder murmel, murmel, Bad irgendwas. Musste sie mal ins Bad? »Sorry, kannst du das noch mal wiederholen?«

Emily murmelte etwas.

»Okay, letzter Versuch«, sagte ich.

Sie hob den Kopf und starrte mich wütend an. »Verdammte Hacke, ich hab gesagt, ich *denke* im Bad an dich!«

»Oh. Echt? Danke!«, sagte ich. Da mir das irgendwie unzureichend vorkam, fügte ich hinzu: »Und ich an dich!«

»*Was?*«

»Und ich an dich?«

»Klar, wer's glaubt! Warum … ach, vergiss es einfach. Meine Fresse!« Sie stöhnte auf und legte den Kopf wieder an meinen Hals, aber unser langsamer Tanz hatte jetzt etwas entschieden Wütendes, und wir waren beide erleichtert, als der Song endete. Befangen in der plötzlichen Stille trennten sich die Paare, grinsend und mit leuchtenden Gesichtern. »Wo gehst du nachher noch hin?«, fragte sie.

»Weiß nicht. Ich wollte eigentlich mit zu Harper.«

»In den Hobbykeller? Ah. Okay.« Schmollend ließ sie die Schultern hängen und blies ihren Pony aus der Stirn. »Ich war noch nie da«, sagte sie. Ich hätte sie einladen können, aber Harpers Einlassbedingungen waren gnadenlos. Der Moment verging, dann gab sie mir einen harten Stoß gegen die Brust – »Bis dann.« Ich war entlassen.

»Okay, Ladys und Gentlemen!«, sagte Mr Hepburn, zurück am Mikro, »wie es scheint, haben wir doch noch Zeit für ein letztes Lied! Ich will jeden, aber auch wirklich jeden von euch, auf der Tanzfläche sehen! Seid ihr bereit? Ich kann euch nicht hören! Und nicht vergessen, immer schön ums Sägemehl rumtanzen. Los geht's!«

Er legte *Heart of Glass* von Blondie auf, was für uns zeitlich kaum näher war als *In the Mood,* aber es funktionierte, denn jetzt tanzten alle, die Theater-Leute, die grüblerischen Tonofen-Künstler, sogar Debbie Warwick, blass und unsicher auf den Beinen. Der Chemielaborant verschwendete das Trockeneis, als gäb's kein Morgen, Mr Hepburn drehte die Musik voll auf, dann zog Patrick Rogers unter Anfeuerungsrufen und Gegröle sein Hemd aus und wirbelte es durch die Luft, in der Hoffnung, einen Hype auszulösen, und als das nicht klappte, zog er es wieder an. Die nächste Sensation war Lloyd, der Fox die Hand auf den Mund presste und so tat, als würden sie knutschen. Der kleine Colin Smart, das einzige männliche Mitglied der

Theater-AG, hatte ein Vertrauensspiel organisiert, bei dem sich die Leute im Takt der Musik in die Arme der anderen fallen ließen, und Gordon Gilbert, Zerstörer der Posaune, saß auf den Schultern von Tony Stevens und klammerte sich an die Discokugel wie ein Ertrinkender an eine Boje, dann trat Tony Stevens beiseite und ließ ihn dort hängen, während Parky, der Hausmeister, ihn mit einem Besenstiel anstupste. »Guck dir das an!«, rief jemand, als Tim Morris zu breakdancen begann, sich auf den Boden warf, wild in Sägemehl und Desinfektionsmitteln drehte, schnell wieder aufsprang und sich hektisch die Hose abklopfte. Ich spürte Hände um die Taille; es war Harper, der etwas rief, das wie »Liebe dich, Alter« klang, und mich geräuschvoll, schmatz, schmatz, auf beide Ohren küsste, und plötzlich sprang jemand auf meine Schultern, und wir lagen alle in einem Haufen auf dem Boden, die Jungs, Harper, Fox, Lloyd und ich, und noch ein paar andere Leute, mit denen ich bisher kaum ein Wort gewechselt hatte, und wir lachten über einen Witz, den niemand hören konnte. Der Gedanke, dass dies die besten Jahre unseres Lebens gewesen sein könnten, erschien mir plötzlich plausibel und tragisch, und ich wünschte mir, es wäre immer so gewesen wie jetzt, wo wir uns mit einer Art Hooligan-Liebe umarmten, und dass ich öfter und anders mit diesen Leuten geredet hätte. Zu spät, der Song war fast vorbei: *ooh-ooh, woah-oh, ooh-ooh, woah-oh.* Der Schweiß ließ uns die Klamotten am Körper kleben, brannte uns in den Augen und tropfte uns aus den Haaren, und als ich aufstand, sah ich für einen Augenblick Helen Beavis – sie tanzte allein und mit zusammengekniffenen Augen, gebeugt wie ein Boxer, und sang *ohh-ohh, woah-oh* – und plötzlich öffneten sich hinter ihr die Notausgangstüren, und der Raum wurde von einer atomaren Helligkeit geflutet, wie das gleißende Licht in dem Raumschiff in der Schlussszene von *Unheimliche Begegnung der dritten Art*. Geblendet fiel Gordon Gilbert von der Discokugel. Die Musik verstummte. Es war vorbei.

Die Uhr zeigte 15.55 Uhr.

Wir hatten den Countdown verpasst, und nun standen wir benommen und blinzelnd da, schemenhafte Silhouetten im grellen Licht, während das Lehrpersonal uns mit ausgestreckten Armen zur Tür scheuchte. Heiser und mit abkühlendem Schweiß auf der Haut rafften wir unsere Sachen an uns – Hockeyschläger, Töpferwaren, ranzige Lunchboxen, zerdrückte Dioramen, Fetzen von Sportsachen – und stolperten wie Flüchtlinge hinaus in den Hof. Mädchen klammerten sich heulend an ihre Freundinnen, und vom Fahrradunterstand erreichte uns die Hiobsbotschaft, dass jemand in einem letzten sinnlosen Akt blindwütiger Rache sämtliche Reifen zerstochen hatte.

Am Schultor scharten sich die Schüler um den Eiswagen. Die Freiheit, die wir gerade noch gefeiert hatten, kam uns jetzt wie ein Exil vor, lähmend und unverständlich, und wir lungerten herum, verharrten an der Schwelle, wie Tiere, die zu früh in eine Furcht einflößende Wildnis entlassen werden sollen und zurück zu ihrem Käfig schauen. Auf der anderen Straßenseite sah ich Billie, meine Schwester. Wir sprachen kaum noch miteinander. Ich hob die Hand, und sie lächelte und ging weiter.

Zu viert machten wir uns zum letzten Mal auf den Heimweg, verwandelten den Tag in eine Anekdote, noch ehe er vorbei war. Unten bei den Bahngleisen zwischen den Birken stieg Rauch von einem orange glühenden zeremoniellen Scheiterhaufen auf, den Gordon Gilbert und Tony Stevens aus ihren alten Ordnern und Uniformen, Plastik und Nylon, errichtet hatten. Sie grölten und brüllten wie die Wilden, aber wir gingen weiter zu der Kreuzung, wo sich unsere Wege immer trennten. Diesmal zögerten wir. Sollten wir den Anlass irgendwie feiern, ein paar Worte sagen, uns umarmen? Aber sentimentale Gesten waren überflüssig. Die Stadt war so klein, dass man sich ständig über den Weg lief. Man musste sich schon anstrengen, um sich aus den Augen zu verlieren.

»Mach's gut.«

»Ruf an.«

»Bis Freitag.«

»Bis dann.«

»Tschau.«

Dann ging ich zurück zu dem Haus, in dem ich mit meinem Vater lebte.

ULRIKE HERWIG

Langsam tanzen, 1985

Ich hole mir Anja«, verkündete Heiko Wagner.

Wir anderen Jungs aus der 8a nickten schweigend und voller Neid. Dem war nichts hinzuzufügen. Heiko Wagner und Anja Seidel gingen miteinander, das war offiziell, auch wenn sich die Beziehung hauptsächlich dadurch manifestierte, dass er Anja im Unterricht von Zeit zu Zeit mit einem Lineal in den Rücken pikte.

»Menno!«, sagte sie dann glücklich.

Wir übrigen Sterblichen mussten einen geheimen Plan entwickeln, wie wir es schaffen konnten, bei der anstehenden Schuldisko mit einem halbwegs attraktiven Mädchen langsam zu tanzen, ohne uns schon im Vorfeld tödlich zu blamieren. Erste Faustregel dabei war, niemandem etwas von dem Objekt seiner Begierde zu verraten. Andernfalls brachten die gemeinen Klassenkameraden es fertig, einen bei der Schuldisko an Armen und Beinen vor die Angebetete zu zerren und mit den Worten »Der will dich!« fallen zu lassen wie einen Sack Kartoffeln. Danach konnte man im Grunde genommen seinen Parka nehmen und nach Hause verschwinden.

Ich war bis über alle Ohren in Sonja verliebt. Bei einer bestimmten Lichteinstrahlung und wenn sie den Mund leicht öffnete, sah sie aus wie Nena, besonders an den Tagen, an denen sie ihr hellblaues Glitzertuch um den Hals gebunden hatte. Es war nicht zu erwarten, dass Sonja überhaupt etwas von meiner Existenz wusste. Meine Liebe war mehr von der stillen, schwärmenden Art. Kam sie mir auf dem Gang entgegen, floh ich panisch auf die Toilette. Sie war ein Jahr älter als ich und eine Göttin. Einmal redete sie sogar mit mir.

»Stehst du hier an?«, fragte sie mit ihrer immer leicht heiseren Stimme, als ich an der Essensausgabe herumlungerte. Ja – ich stand an. Ich hatte wahnsinnigen Hunger auf den Eintopf, aber die Angst schnürte mir die Kehle zu. Was, wenn ich die gelbliche Erbsenbrühe in ihrem Beisein verkippte?

»Nein«, stammelte ich. »Ich stehe hier. Nur. Da.«

Sonja streifte mich mit einem gleichgültigen Blick und schob sich vor mich in die Reihe.

Wie also sollte ich dieses himmlische Wesen im Gefunkel der Diskokugeln in meine Arme bekommen?

»Scheißmusik«, beschwerte sich Marko. Sich über die Musik aufzuregen war immer eine gute Idee. Damit konnte man den ganzen Abend verbringen und immer behaupten, dass man zu solch bescheuerter Musik einfach nicht tanzen könne. Marko war sowieso fein heraus. Humpelnd war er zur Disko erschienen, seinen Fuß hatte er mit einer weißen Binde umwickelt.

»Nur verstaucht«, erklärte er abwinkend. Die angebliche Verletzung ermöglichte es ihm, hautnah dabei zu sein, aber dennoch nicht tanzen zu müssen. Es sei denn, es kam langsame Musik. Aber da er ja nicht richtig laufen konnte, musste er warten, bis eine, die vielleicht einmal Krankenschwester werden wollte, kam und ihn aufforderte. Ein genialer Plan!

Ich hatte mir heimlich den schlabbernden, übergroßen Strickpullover meines Bruders geborgt und angezogen. Dazu trug ich mein Palästinensertuch um den Hals und schwitzte wie ein Schwein. Getanzt hatte ich auch schon, mit Anja zu »Ich will Spaß, ich will Spaß!«. Aber da Anja offiziell zu Heiko gehörte, zählte das nicht so richtig. Die meiste Zeit beobachtete ich Sonja.

An dem Abend trug sie ein rosa Tuch um den Hals, dazu ein schwarzes T-Shirt und eine Karottenhose, die von einem breiten Gürtel mit Riesenschnalle gehalten wurde. Sie tanzte mit konzentriertem Gesicht hochkomplizierte Schrittfolgen mit ihren Freundinnen. Ab und zu brachen sie in grundloses Gelächter aus und rannten aus dem Saal.

Mit Entsetzen hatte ich jedoch zweimal zusehen müssen, wie Frank Meissner, größter Angeber in den Annalen der Schulgeschichte und leider schon in der zehnten Klasse, Sonja zum Tanzen aufforderte.

Nach jeder Runde rannte er vor die Tür, um eine zu rauchen. Sein Atem musste schon penetrant nach Aschenbecher riechen und dennoch ließen sich die Mädchen bereitwillig von ihm abführen. Das Leben war so ungerecht.

Die erste langsame Runde begann. Irgendein Lied von BAP, das kein Mensch verstand, aber das war egal. Englisch verstand schließlich auch niemand. Unser Deutschlehrer, Herr Peters, hatte Diskoaufsicht und starrte verlegen aus dem

Fenster in die Dunkelheit hinaus, um sich den Anblick der schmusenden Schülerschar zu ersparen.

Es wurde ernst. Gerade tanzte der widerliche Meissner mit meiner schönen Sonja und grub sein stinkendes Maul in ihr Tuch. Ich wünschte ihm den Tod.

Danach ging er rauchen, wie immer, und plötzlich stand Sonja neben mir und schenkte mir den Hauch eines Lächelns. Sie war allein, ich war verliebt, der Feind stand vor der Tür und vergiftete sich selbst – eine bessere Gelegenheit würde sich nie wieder bieten.

»Willsdutanzn?«, nuschelte ich und sah dabei auf meine Schuhe. Und da geschah das Wunder.

»Klar«, sagte Sonja.

Mechanisch folgte ich ihr auf die Tanzfläche, wo ich ihr meine Arme hölzern um die Schultern schnallte und meinen Kopf schräg wie ein pickendes Huhn über ihre Frisur hielt. Ein heftiges Rauschen in meinem Kopf machte es mir unmöglich, etwas von der Musik zu hören. Ich hätte auch zu »Oh, du lieber Augustin …« mit ihr getanzt.

Plötzlich zog sie mich energisch an sich heran, wahrscheinlich war ihr meine respektvolle Haltung zu unbequem. Eng umschlungen tappten wir wie alle anderen von einem Bein auf das andere. Dann war das Lied zu Ende und Sonja wollte sich von mir lösen.

Es ging nicht. Sie ruckelte ein bisschen hin und her, aber sie kam nicht von mir los. Mir brach der Schweiß aus. Was ging hier vor?

Ein neues Lied setzte ein, »Irgendwie, Irgendwo, Irgendwann« von Nena. Wir tappten also weiter. Ich sah die erstaunten Blicke meiner Freunde. Sie verstanden es nicht.

Ich verstand es ja selbst nicht. Sonjas Hand fuhr plötzlich nach unten und griff nach etwas in Nähe meiner Hüfte. Etwas zupfte an mir und auf einmal wurde mir klar, was hier passiert war. Mein idiotischer Strickpullover hatte sich mit seinen losen Maschen in ihrem strassverzierten Gürtel verheddert. Wir waren mehr oder weniger aneinandergefesselt.

»Ich hänge fest«, hörte ich sie leise fluchen.

»Warte mal«, murmelte ich. Meine Hand glitt zwischen unsere Körper und versuchte, die riesigen Fäden aus der Metallschnalle zu ziehen.

Marko sah mir mit offenem Mund vom Rand aus zu und hielt den Daumen hoch.

Unsere Hände fuhrwerkten hektisch herum, aber nichts tat sich. Es war zum Verrücktwerden. Mittlerweile sang Nena schon den zweiten Refrain, wir aber klebten immer noch zusammen. Frank Meissner sah mich hasserfüllt an.

»Wir müssen raus«, meinte Sonja schließlich. Engumschlungen humpelten wir hinaus wie siamesische Zwillinge. Wir verdrückten uns in eine dunkle Ecke vor der Tür und Sonja herrschte mich an: »Jetzt reiß doch mal!« Ich hielt ihren Gürtel fest und zerrte mit aller Kraft an meinem Pullover. Es ratschte.

Ich war frei, der Pullover meines Bruders hatte ein Loch und an Sonjas Gürtel hing ein Büschel Wolle wie ein Skalp.

Wortlos ließ sie mich stehen.

Von diesem Tag an änderte sich mein Leben. Wildfremde Zehntklässler machten mir respektvoll auf dem Flur Platz, die Mädchen aus meiner Klasse wurden freundlicher zu mir,

und ich hatte mir quasi über Nacht einen Ruf als unange-
tastete Autorität in Sachen Beziehungsfragen geschaffen.

Mit Sonja redete ich nie wieder, aber wenn wir uns begegneten, grinste sie mich immer an. Ich grinste zurück.
Wir hatten ein gemeinsames Geheimnis. Und das war mehr,
als sich der eingebildete Frank Meissner je erhoffen konnte.

HENNING MANKELL
Die Rückkehr des Tanzlehrers

Nachts lag er wach, von Schemen umgeben. Es hatte angefangen, als er zweiundzwanzig Jahre alt war. Jetzt war er sechsundsiebzig. Seit vierundfünfzig Jahren verbrachte er seine Nächte schlaflos. Und immer waren die Schatten um ihn gewesen. Nur in Perioden, in denen er große Mengen starker Schlafmittel genommen hatte, war es ihm gelungen, nachts zu schlafen. Aber wenn er erwachte, wusste er, dass die Schemen dennoch da gewesen waren, auch wenn er nichts von ihnen gemerkt hatte.

Die Nacht, die gerade zu Ende ging, war keine Ausnahme gewesen. Er brauchte nicht darauf zu warten, dass die Schatten, oder die »Besucher«, wie er sie manchmal nannte, auftauchten. Sie erschienen ein paar Stunden nach Einbruch der Dunkelheit. Plötzlich waren sie ganz dicht bei ihm. Mit ihren stummen weißen Gesichtern. Nach all den Jahren hatte er sich an ihre Gegenwart gewöhnt. Aber er wusste, dass er ihnen nicht vertrauen durfte. Eines Tages würden sie nicht mehr schweigen. Was dann passieren würde, konnte er nicht sagen. Würden sie ihn angreifen? Ihn entlarven? Es war vorgekommen, dass er sie angeschrien hatte. Dass er um sich geschlagen hatte, um sie zu verjagen. Für einige Minuten war es ihm gelungen, sie auf Abstand zu halten. Doch sie waren zurückgekommen und bis zur Morgendämmerung geblieben. Erst da hatte er einschlafen können, wenn auch meistens nur für ein paar Stunden, denn er musste einer Arbeit nachgehen.

Sein ganzes erwachsenes Leben hindurch war er müde gewesen. Wie er immer durchgehalten hatte, wusste er nicht. Wenn er auf sein Leben zurückblickte, sah er eine sich endlos hinziehende Reihe von Tagen, durch die er sich nur mühsam geschleppt hatte. Seine Erinnerungen hingen alle in irgendeiner Weise mit seiner Müdigkeit zusammen. Zuweilen dachte er an Fotos, die ihn zeigten. Er sah immer gleich verwüstet aus. Auch in der Zeit seiner beiden Ehen hatten die Schatten ihre Rache gefordert. Die Frauen waren seiner ständigen Ängste überdrüssig geworden. Und dass er stets schlafen wollte, wenn er nicht arbeiten musste. Sie hatten es nicht mehr ertragen, dass er Nacht für Nacht wach gelegen und nie darauf geantwortet hatte, warum er nicht schlief wie normale Menschen. Schließlich hatten sie ihn verlassen, und er war wieder allein gewesen.

Er blickte auf seine Armbanduhr. Es war Viertel nach vier. Er ging in die Küche und goss sich aus der Thermoskanne Kaffee ein. Das Thermometer vor dem Fenster zeigte zwei Grad unter null. Es war locker und würde bald abfallen, wenn er die Schrauben nicht auswechselte. Als er die Gardine berührte, bellte draußen im Dunkeln der Hund. Shaka war seine einzige Sicherheit. Den Namen des Elchhundes hatte er in einem Buch gefunden, an dessen Titel er sich nicht mehr erinnerte. Es ging darin um einen mächtigen Zuluhäuptling, und er meinte, dass der Name gut zu einem Wachhund passte. Er war kurz und leicht zu rufen. Er nahm die Kaffeetasse mit ins Wohnzimmer und warf einen

Blick auf das Fenster. Die dicken Gardinen waren dicht zusammengezogen. Er wusste, dass es so war, aber er musste dennoch kontrollieren, dass alles seine Ordnung hatte.

Dann setzte er sich an den Tisch und betrachtete die Puzzleteile, die verstreut vor ihm lagen. Es war ein gutes Puzzle mit vielen Teilen, und es bedurfte großer Fantasie und Ausdauer, um es zu vollenden. Wenn er mit einem Puzzle fertig war, verbrannte er es und begann sofort mit einem neuen. Er achtete immer darauf, dass er einige Spiele auf Lager hatte. Er hatte oft gedacht, dass sein Verhältnis zu Puzzlespielen ungefähr dem eines Rauchers zu Zigaretten glich. Seit vielen Jahren war er Mitglied einer weltweiten Vereinigung, die die internationale Puzzlekultur hochhielt. Sie hatte ihren Sitz in Rom, und er bekam jeden Monat ein Mitgliedsblatt, das über Hersteller informierte, die aufgehört hatten, und andere, die neu begannen. Schon Mitte der Siebzigerjahre hatte er bemerkt, dass es schwerer wurde, richtig gute Puzzles zu bekommen. Solche, die mit der Hand ausgesägt worden waren. Maschinengestanzte mochte er nicht. Die Teile hatten keine Logik und kein Verhältnis zum Motiv. Sie mochten schwer zu lösen sein, aber die Schwierigkeit war mechanischer Art. Im Moment arbeitete er an einem Puzzle mit Rembrandts *Verschwörung der Bataver unter Claudius Civilis gegen die Römer*. Es bestand aus dreitausend Teilen. Ein Künstler in Rouen hatte es geschaffen. Vor einigen Jahren war er mit dem Wagen hinuntergefahren und hatte den Mann besucht, der dieses Puzzle hergestellt hatte. Sie waren sich darin einig, dass die besten Puzzles diejenigen waren, die nur schwache Lichtveränderungen aufwiesen, wie zum Beispiel Rembrandts

Motiv. Sie stellten höchste Anforderungen an Ausdauer und Fantasie.

Er saß mit einem Teil in der Hand da, das zum Hintergrund des Bildes gehörte. Es dauerte fast zehn Minuten, bis er den Platz gefunden hatte, an dem es eingefügt werden musste. Er schaute wieder auf die Uhr. Kurz nach halb fünf. Es würde noch mehrere Stunden dauern, bis es dämmern würde, die Schatten sich zurückzögen und er schlafen könnte.

Er dachte, dass das Leben trotz allem viel einfacher geworden war, seit er mit fünfundsechzig in Pension gegangen war. Jetzt brauchte er die Müdigkeit nicht mehr zu fürchten. Und dass er während der Arbeit einschlafen könnte. Die Schemen hätten ihn schon lange in Frieden lassen sollen. Er hatte seine Strafe abgegolten. Sie brauchten nicht länger über ihn zu wachen. Sein Leben war zerstört. Warum konnten sie ihn nicht in Ruhe lassen?

Er stand auf und ging zum CD-Spieler im Bücherregal. Er hatte ihn vor ein paar Monaten auf einer seiner seltenen Reisen nach Östersund gekauft. Er spielte die CD, die sich schon im Gerät befand und die er zu seiner Verwunderung zwischen der Popmusik in dem Laden entdeckt hatte, in dem er auch den CD-Spieler gekauft hatte. Argentinischer Tango. Echter Tango. Er drehte die Lautstärke höher. Der Elchhund draußen im Dunkeln hatte ein gutes Gehör und reagierte mit einem Bellen auf die Musik, verstummte aber gleich wieder. Er lauschte der Musik, während er langsam um den Tisch ging und das Puzzle betrachtete. Es lag noch viel Arbeit vor ihm. Er würde noch mindestens drei Nächte brauchen, bis das Puzzle fertig war und er es verbrennen konnte. Dann hatte er immer noch eine Reihe nicht ausgepackter Puzzles, die in ihren Kartons auf ihn warteten. In ein paar Tagen würde er außerdem zur Post in Sveg fahren und eine weitere Sendung des alten Meisters in Rouen abholen.

Er setzte sich auf die Couch und lauschte der Musik. Es war einer seiner großen Träume gewesen, einmal im Leben nach Argentinien zu fahren. Einige Monate in Buenos Aires zu verbringen und nachts Tango zu tanzen. Aber es war nie etwas daraus geworden. Immer hatte ihn etwas zögern lassen. Als er vor elf Jahren Västergötland verlassen hatte und in die Wälder Härjedalens hinaufgezogen war, hatte er sich vorgenommen, in jedem Jahr eine Reise zu machen. Er lebte einfach, und obwohl seine Pension nicht hoch war, würde er es sich leisten können. Aber es waren nur ein paar Reisen mit dem Wagen in Europa herausgekommen. Auf der Jagd nach neuen Puzzles.

Er würde nie nach Argentinien kommen. Er würde nie in Buenos Aires Tango tanzen.

Aber nichts hindert mich daran, hier zu tanzen, dachte er. Ich habe die Musik, und ich habe meine Partnerin.

Er erhob sich. Es war fünf Uhr. Noch war die Dämmerung fern. Die Zeit zum Tanzen war gekommen. Er ging ins Schlafzimmer und nahm den schwarzen Anzug aus dem Kleiderschrank. Er musterte ihn sorgfältig, bevor er ihn anzog. Ein kleiner Fleck auf dem Revers irritierte ihn. Er befeuchtete ein Taschentuch und entfernte ihn vorsichtig. Dann zog er sich um. Zum weißen Hemd wählte er an diesem Morgen eine rostbraune Krawatte.

Am wichtigsten waren die Schuhe. Er hatte mehrere Paar italienischer Tanzschuhe, zwischen denen er wählen konnte. Alle kostbar. Für einen Mann, der den Tanz ernst nahm, mussten die Schuhe perfekt sein.

Als er fertig war, stellte er sich vor den Spiegel auf der Innenseite der Kleiderschranktür. Er betrachtete sein Gesicht. Das Haar war grau und kurz geschnitten. Er war mager und dachte, dass er mehr essen sollte. Aber er war trotzdem zufrieden. Er sah wesentlich jünger aus als sechsundsiebzig.

Dann ging er ins Wohnzimmer zurück und blieb vor der Tür des Gästezimmers stehen. Sie war geschlossen. Er klopfte und stellte sich vor, es würde ihn jemand hereinbitten. Dann öffnete er die Tür und machte Licht. Im Bett lag seine Tanzpartnerin. Er wunderte sich immer, dass sie so lebendig aussah, obwohl sie nur eine Puppe war. Er zog ihr die Decke weg und hob sie hoch. Sie trug eine weiße Bluse und einen schwarzen Rock. Er hatte ihr den Namen Esmeralda gegeben. Auf dem Tisch neben dem Bett standen Parfümflaschen. Er stellte Esmeralda ab, wählte einen diskreten Duft von Dior und besprühte vorsichtig ihren Hals. Wenn er die Augen schloss, bestand kein Unterschied zwischen der Puppe und einem lebendigen Menschen.

Er eskortierte sie ins Wohnzimmer. Er hatte oft daran gedacht, sämtliche Möbel hinauszustellen, Lampen mit gedämpftem Licht an der Decke anzubringen und eine brennende Zigarre in einen Aschenbecher zu legen. Dann hätte er seinen eigenen argentinischen Tanzsalon. Aber dazu war es nie gekommen. Er hatte nur den freien Fußboden zwischen dem Tisch und dem Bücherregal, auf dem der CD-Spieler stand. Er schob seine Schuhe in die Bügel, die unter Esmeraldas Füßen angebracht waren.

Dann begann er zu tanzen. Wenn er sich mit Esmeralda drehte, kam es ihm so vor, als sei es ihm gelungen, alle Schemen aus dem Raum zu vertreiben. Er tanzte sehr leicht. Von allen Tänzen, die er über die Jahre hinweg gelernt hatte, lag ihm Tango am meisten. Es gab niemanden sonst, mit dem er so gut tanzen konnte wie mit Esmeralda. Einmal hatte es in Bors eine Frau gegeben, Rosemarie, die einen Hutladen unterhielt. Mit ihr hatte er Tango getanzt, und keine Frau hatte sich je so gut führen lassen. Eines Tages, gerade als er sich fertig gemacht hatte, um sich mit ihr in einem Tanzclub in Göteborg zu treffen, erfuhr er, dass sie bei einem Verkehrsunfall ums Leben gekommen war. Er hatte noch mit anderen Frauen getanzt. Aber erst nachdem er Esmeralda angefertigt hatte, gewann er das Gefühl zurück, das er mit Rosemarie gehabt hatte.

Die Idee hatte er vor vielen Jahren bekommen, als er in einer seiner schlaflosen Nächte durch Zufall im Fernsehen ein altes Musical gesehen hatte. Darin tanzte ein Mann, vielleicht war es Gene Kelly, mit einer Puppe. Er hatte die Szene fasziniert betrachtet und sich sofort entschlossen, eine eigene Puppe anzufertigen.

Das Schwierigste war die Füllung gewesen. Er hatte alles ausprobiert und verschiedene Stoffe in das Futteral gestopft. Aber erst als er es mit Schaumgummi gefüllt hatte, fühlte es sich an, als hielte er einen lebendigen Menschen in seinen Armen. Er hatte sich dafür entschieden, ihr einen großen Busen und ein kräftiges Hinterteil zu geben. Seine beiden Frauen waren mager gewesen. Jetzt hatte er sich eine Frau gegeben, bei der man etwas in den Händen hielt. Wenn er mit ihr tanzte und den Duft des Parfüms wahrnahm, konnte es ihn erregen. Allerdings nicht mehr so häufig wie noch vor fünf oder sechs Jahren. Sein erotisches Verlangen ließ allmählich nach, und er dachte, dass er es eigentlich nicht vermisste.

Er tanzte über eine Stunde. Als er Esmeralda schließlich ins Gästezimmer brachte und ins Bett legte, war er durchgeschwitzt. Er zog sich aus, hängte den Anzug in den Kleiderschrank zurück und duschte. Bald würde die Morgendämmerung hereinbrechen, und er konnte sich hinlegen und schlafen. Wieder hatte er eine Nacht bezwungen.

SEBASTIAN BARRY

Tage ohne Ende

Saloon, steht auf dem Schild, nicht mehr, aber auch nicht weniger. Und darunter, auf einem kleineren Schild, das von ner Schnur hängt: *Saubere Jungs gesucht.*

Schau her, sagt John Cole, der nicht dieselbe hohe Bildung besaß wie ich, aber immerhin ein bisschen was davon. Na, sagt er, beim liebenden Herz meiner Mutter, die Hälfte der Bedingungen erfüllen wir doch.

Wir also rein, und was sehen wir? Einen höchst erfreulichen Anteil an schönem dunklem Holz: dunkle Wandverkleidung vom Boden bis zur Decke, ne lange Theke, glatt und schwarz wie eine Öllache. Wir kamen uns vor wie Käfer in nem Mädchenbett. Fremd. Bilder von amerikanischer Pracht und Herrlichkeit, die man lieber betrachtet, als ein Teil davon zu sein. Hinter der Theke ein Mann mit nem Gamsleder, der in aller Gemütsruhe eine Oberfläche poliert, die gar nicht poliert zu werden braucht. Ganz offensichtlich ein neuer Laden. An der Treppe, die zu den oberen Räumen führte, legte der Schreiner letzte Hand an und fügte den fehlenden Abschnitt des Geländers ein. Der Barkeeper hatte die Augen geschlossen, sonst hätte er uns früher gesehen. Uns vielleicht sogar hochkant rausgeschmissen. Dann machte er die Augen auf, und statt zurückzuweichen und uns zu verwünschen, wie wir es erwartet hatten, lächelte dieses urteilsfähigere Individuum und schien zufrieden, uns zu sehen.

Sie suchen saubere Jungs?, fragt John Cole in leicht kämpferischem Tonfall, noch immer Gefahr witternd.

Ihr seid sehr willkommen, sagt der Mann.

Sind wir das?, fragt John Cole.

Das seid ihr. Ihr seid genau die Richtigen, besonders der Kleinere da, sagt er. Damit meinte er mich. Dann, als hätte er Angst, John Cole könnte sich gekränkt fühlen und hinausstampfen: Aber mit dir ist auch was anzufangen, sagt er. Ich zahle euch fünfzig Cent pro Nacht, jedem von euch fünfzig Cent pro Nacht, und so viel ihr trinken könnt, wenn ihr's nicht übertreibt, und pennen könnt ihr im Stall hinter uns, ja doch, gemütlich, behaglich und katzenwarm. Das heißt, wenn ihr zufriedenstellend arbeitet.

Und was für ne Arbeit ist das?, fragt John misstrauisch.

Leichteste Arbeit von der Welt, sagt er.

Und das wäre?

Na, tanzen. Tanzen, das ist alles. Einfach nur tanzen.

Wir sind aber nun mal keine Tänzer, soviel ich weiß, sagt John, inzwischen verwirrt und mächtig enttäuscht.

Ihr müsst keine Tänzer in der anerkannten Lexikondefinition des Wortes sein, sagt der Mann. Jedenfalls braucht ihr nicht die Beine hochzuwerfen.

Na schön, sagt John, dem der Sinn dieser Worte nicht aufgeht, aber wir haben keine Kleider, in denen wir tanzen können, sagt er und zeigt auf seine Aufmachung.

Ach, wird alles gestellt, wird alles gestellt, sagt der Mann.

Der Schreiner hatte seine Arbeit unterbrochen und saß jetzt mit einem breiten Lächeln auf den Stufen.

Kommt mit, Gentlemen, sagt der Barkeeper, vermutlich auch der Eigentümer, so wie er prahlte, und ich zeige euch eure Arbeitskleidung.

Dann schritt er in seinen lauten Stiefeln über seinen funkelnagelneuen Fußboden und öffnete die Tür zu seinem Büro. Da war ein Schild an der Tür, wo draufstand: *Büro*, darum wussten wir's. Nun denn, Jungs, nach euch, sagte er und hielt uns die Tür auf. Ich habe meine Manieren. Und ich hoffe, ihr habt eure Manieren, denn selbst ruppige Bergleute lieben gute Manieren, das könnt ihr mir glauben.

So marschieren wir denn mit großen Augen rein. Da steht ein Ständer mit Kleidungsstücken wie eine Schar aufgeknüpfter Frauen. Sind nämlich Frauensachen. Kleider. Sonst war da nichts, und wir haben uns wirklich gründlich umgesehen.

Der Tanz fängt Punkt acht an, sagt er. Sucht euch was Passendes aus. Fünfzig Cent für jeden von euch. Und das Trinkgeld, das ihr kriegt, könnt ihr behalten.

Aber, Mister, sagt John Cole, als würd er mit einer bemitleidenswert verrückten Person reden. Wir sind nun mal keine Frauen. Sehen Sie das denn nicht? Ich bin ein Junge und Thomas hier auch.

Nein, Frauen seid ihr nicht, das kann ich sehen. Davon konnte ich mich in der Sekunde überzeugen, als ihr reinspaziert seid. Ihr seid feine junge Burschen. Auf dem Schild steht: *Jungen gesucht*. Frauen würde ich ja mit Kusshand verpflichten, aber hier in Daggsville gibt es keine Frauen, bis auf die Frau des Ladenbesitzers und die kleine Tochter des Stallknechts. Ansonsten sind hier nur Männer. Aber Männer ohne Frauen – die verzehren sich. Eine Art Trauer schleicht sich in ihre Herzen. Die will ich vertreiben und mir dabei ein paar Dollars verdienen, jawohl, auf die gute amerikanische Art. Sie brauchen nur die Illusion, nur die Illusion des sanfteren Geschlechts. Die seid ihr, wenn ihr diese Beschäftigung annehmt. Nur tanzen. Nicht küssen, nicht schmusen, nicht fummeln oder knutschen. Nein, nur das hübscheste, manierlichste Tanzen. Ihr werdet es kaum glauben, wie sanft ein ruppiger Bergmann tanzen kann. Der Anblick rührt euch zu Tränen. Auf eure Art seid ihr ziemlich hübsch, wenn ich das sagen darf, besonders der Kleinere. Aber mit dir ist auch was anzufangen, mit dir ist auch was anzufangen, sagt er, als er sieht, dass John Coles neu erworbener Berufsstolz wieder hochkommt. Dann zieht er eine Augenbraue hoch, als Frage.

John Cole sieht mich an. Mir macht es nichts. Besser, als in nem Weizensack zu verhungern.

Na schön, sagt er.

Werde euch eine Badewanne in den Stall stellen. Werde euch Seife geben. Werde euch mit Unterwäsche ausstatten, *muy importante*. Hab ich aus St. Louis mitgebracht. Die füllt ihr gut aus, Jungs, ich schätze, die füllt ihr gut aus, und nach ein paar Gläsern wird kein Mann, den ich kenne, Einwände erheben. Eine neue Ära in der Geschichte von Daggsville. Als die einsamen Männer mit Mädels tanzen konnten. Und alles ganz manierlich, ganz manierlich.

Und so marschierten wir wieder raus, schulterzuckend, als wollten wir sagen, was für ne verrückte Welt, aber ab und zu auch ne glückbringende. *Fünfzig Cent für jeden von euch.* Während unserer Armeezeit, wie oft, an wie vielen Plätzchen draußen in der Prärie, an wie vielen einsamen Hängen haben wir, John und ich, ein ums andere Mal wiederholt: *Fünfzig Cent – für jeden von euch,* und uns vor Lachen nicht eingekriegt.

In dieser besonderen Nacht in der verlorenen Geschichte der Welt half uns Mr Titus Noone, denn so hieß er, mit einer Art männlicher Diskretion in unsere Kleider. Das musste man ihm lassen, mit Knöpfen, Schleifen und so kannte er sich offensichtlich aus. Er hatte sogar den Weitblick, uns mit Parfüm zu besprenkeln. So sauber war ich in drei Jahren nicht gewesen, vielleicht noch nie. Um die Wahrheit zu sagen, in Irland war ich nicht eben bekannt für Reinlichkeit, arme Bauern haben keine Badewannen. Wenn man nichts zu beißen hat, geht als Erstes jedes winzige bisschen Hygiene flöten.

Der Saloon füllte sich rasch. In der Stadt waren flugs Plakate aufgehängt worden, und die Bergleute hatten dem Ruf Folge geleistet. Ich und John Cole saßen auf zwei Stühlen an der Wand. Sehr mädchenhaft, sittsam, brav und nett. Wir sahen die Bergleute nicht mal an, starrten nur geradeaus. Wir hatten noch nicht allzu viele brave Mädchen gesehen, aber uns war eine Eingebung gekommen. Ich hatte ne gelbe Perücke auf und John ne rote. Wie wir so dasaßen, müssen wir vom Hals aufwärts ausgesehen haben wie die Flagge von irgendnem Land. Mr Noone hatte unsere Mieder fürsorglich mit Baumwolle ausgestopft. Schön, aber unsere Füße waren nackt, er sagte, Schuhe hätte er in St. Louis ganz vergessen. Die könnten später dazukommen. Er sagte, wir sollten darauf achten, wo die Bergleute hintreten, und wir sagten, machen wir. Komisch, wie sich alles von Grund auf veränderte, sobald wir uns in diese Kleider zwängten.

Noch nie in meinem Leben hatte ich mich so glücklich gefühlt. Alle Sorgen und Nöte waren verflogen. Ich war ein neuer Mann, ein neues Mädchen. War befreit, so wie im kommenden Krieg die Sklaven befreit wurden. War zu allem bereit. Fühlte mich anmutig und stark, ja geradezu vervollkommnet. Das ist die Wahrheit. Ich weiß nicht, wie John Cole es aufnahm, er hat nie was gesagt. Man musste John Cole lieben für das, was er beschloss, nicht zu sagen. Er sagte ne Menge nützliches Zeug. Aber gegen diese Art Arbeit hat er sich nie ausgesprochen, selbst wenn's schlimm für uns ausging, nein. Wir waren die ersten Mädchen in Daggsville, und wir waren nicht die schlechtesten.

Jeder Bürger weiß, dass Bergleute alle möglichen Typen sind. Sie strömen ins Land, tausendmal hab ich's gesehen, und tragen die ganze Schönheit ab, und dann gibt's schwarzen Unrat in den Flüssen, und die Bäume scheinen zu verdorren wie geschändete Jungfrauen. Sie mögen rustikales Essen, rustikalen Whisky, rustikale Nächte, und um die Wahrheit zu sagen, wenn du ein Indianermädchen bist, mögen sie dich auf die falsche Art. Bergleute gehen in Zeltdörfer und tun ihr Schlimmstes. Nie gab's solche Frauenschänder wie die Bergleute, zumindest einige von ihnen. Andere Bergleute sind in zivilisierteren Ländern Lehrer gewesen, Professoren, entlaufene Priester und bankrotte Ladenbesitzer, Männer, von ihren Frauen abgestoßen wie unnützes Inventar. Jede Güteklasse und Gradierung von Mensch, wie ein Kornmesser es nennen würde. Aber sie alle kamen in Noone's Saloon, und da trat eine Veränderung ein, eine große Veränderung. Denn wir waren hübsche Mädchen, und wir waren Balsam für ihre Seelen. Und außerdem stand

Mr Noone an der Theke, vor sich gut sichtbar eine griffbereite Schrotflinte. Sie würden's nicht glauben, wie viel Ermessensspielraum das Gesetz in Amerika einem Saloonbesitzer beim Erschießen von Bergleuten einräumt, er ist ungeheuer groß.

Vielleicht waren wir wie Erinnerungen an ein Anderswo. Vielleicht waren wir die Mädchen ihrer Jugend, die Mädchen, die sie als Erste geliebt hatten. Mann, wir waren so sauber und hübsch, ich wünschte, ich hätt mir selbst begegnen können. Für einige waren wir vielleicht die ersten Mädchen, die sie liebten. Zwei Jahre lang tanzten wir jede Nacht mit ihnen, und es gab nicht einen Augenblick unerwünschter Handgreiflichkeiten. Das ist Tatsache. Vielleicht wär's spannender, zu sagen, dass sich Schwänze gegen uns pressten, dass sich Zungen in unsere Münder schoben oder dass schwielige Hände unsere imaginären Brüste begrapschten, aber nein. In diesem Saloon waren die Gentlemen der Frontier zu Hause. In den frühen Morgenstunden kippten sie um, zermürbt vom Whisky, sie grölten Lieder, schossen manchmal beim Kartenspiel aufeinander, prügelten sich mit eisernen Fäusten, aber wenn's ans Tanzen ging, waren sie der liebenswerte d'Artagnan aus den alten Romanen. Fette Schweinewampen schienen flach zu werden und von eleganteren Tieren zu zeugen. Männer rasierten sich für uns, wuschen sich für uns und zogen, soweit vorhanden, ihren Sonntagsstaat an für uns. John war Joanna, ich Thomasina. Wir tanzten und tanzten. Wir wirbelten und wirbelten. Am Ende waren wir richtig gute Tänzerinnen. Wir konnten Walzer tanzen, langsamen und schnellen. Ich behaupte mal, nie hatte Daggsville bessere Jungs gekannt.

Oder schönere. Oder sauberere. Wir drehten uns in unsern Kleidern, und als die Monate verstrichen, ließ die Frau von Mr Carmody, dem Ladenbesitzer, die natürlich Mrs Carmody hieß und die Schneiderin war, unsere Kleider aus. Vielleicht ist es ein Fehler, Wanderarbeiter zu mästen, aber wir wuchsen eher in die Höhe als in die Breite. Vielleicht veränderten wir uns ja, doch in den Augen unserer Kunden waren wir noch immer die Mädchen, die wir gewesen waren. Sie sprachen gut von uns, und Männer kamen von meilenweit her, um uns zu sehen und ihren Namen in die Liste auf unsern Pappkärtchen einzutragen. »Miss, würden Sie mir die Ehre eines Tanzes erweisen?« – »Gerne, Sir, um Viertel vor zwölf habe ich noch zehn Minuten frei, wenn Sie die Lücke ausfüllen möchten.« – »Ich wäre Ihnen sehr verbunden.« Noch nie hatten zwei unnütze, im Dreck aufgewachsene Jungen so viel Vergnügen gehabt. Man hielt um unsere Hand an, man bot uns Pferdegespanne, falls wir einwilligten, mit dem und dem Kerl ins Lager zu gehen, man machte uns Geschenke, die in Arabien eines Beduinen auf Brautschau würdig gewesen wären. Aber natürlich kannten wir die Geschichte in unserer Geschichte. Vielleicht kannten sie sie auch, jetzt, wo ich drüber nachdenke. Sie fühlten sich frei, sich ins Zuchthaus des Ehestands zu begeben, weil sie wussten, dass alles nur zum Schein war. All das gehörte zu der Freiheit, der Freude, dem Glück.

Denn das schmutzige, scheußliche Leben eines Bergarbeiters ist ein trostloses Leben, und um die Wahrheit zu sagen, nur einer von zehntausend findet sein Gold. In Daggsville gruben sie natürlich nur nach Blei, umso wahrer ist es. Dieses Leben besteht fast nur aus Dreck und Wasser.

Doch in Mr Noone's Saloon gab es zwei Diamanten, sagte Mr Noone.

Aber die Natur setzt sich durch, und nach und nach verlor sich unser Schmelz, und wir waren eher Jungen als Mädchen, und eher Männer als Frauen. Jedenfalls veränderte sich besonders John Cole in den zwei Jahren von Grund auf. Der Körpergröße nach trat er in Wettstreit mit Giraffen. Mr Noone konnte keine Kleider auftreiben, die ihm passten, und Mrs Carmody konnte nicht schnell genug nähen. Weiß Gott, es war das Ende einer Ära. Eine der unbeschwertesten Arbeiten, die ich je hatte. Dann kam der Tag, an dem Mr Noone mit uns reden musste. Und beim ersten Tageslicht wurden Hände geschüttelt und sogar Tränen vergossen, und fortan würden wir nur noch Erinnerungen an Diamanten in Daggsville sein. Mr Noone sagte, an jedem Gedenktag des hl. Thomas und des hl. Johannes würde er uns einen Brief schicken und uns alle Neuigkeiten erzählen. Und wir sollten das Gleiche tun. Und wir brachen auf mit unsern paar Dollars, die wir für unsere erhoffte Zeit in der Kavallerie gespart hatten. Und das Komische war, dass Daggsville an jenem Morgen menschenleer war und niemand da, um uns zum Abschied zuzujubeln. Wir wussten, wir waren nur Fragmente einer Legende und hatten in der Stadt nie wirklich existiert. Ein schöneres Gefühl gibt es nicht.

DOROTHY PARKER

Der Walzer

Oh, vielen Dank. Schrecklich gern.
Ich will nicht mit ihm tanzen. Ich will mit niemandem tanzen. Und selbst wenn ich es wollte, dann nicht mit dem. Der wäre ziemlich weit unten auf der Liste der letzten zehn. Ich habe gesehen, wie der tanzt; es sieht aus wie etwas, das man in der Walpurgisnacht treibt. Wenn man sich vorstellt, dass ich vor nicht einmal einer Viertelstunde hier saß und zutiefst das arme Mädchen bedauerte, mit dem er tanzte. Und jetzt soll ich das arme Mädchen sein. Tja, ja. Die Welt ist doch klein!

Und wie toll die Welt ist. Eine wahre Wucht. Ihre Ereignisse sind doch so faszinierend unvorhersagbar. Da war ich, kümmerte mich um meine eigenen Angelegenheiten, ohne irgendeiner Menschenseele auch nur das Geringste zuleide zu tun. Und dann tritt der da in mein Leben, ganz Lächeln und Großstadtmanieren, um sich von mir die Gunst einer unvergesslichen Mazurka gewähren zu lassen. Und dabei kennt er kaum meinen Namen, geschweige denn, wofür er steht. Er steht für Verzweiflung, Bestürzung, Sinnlosigkeit, Erniedrigung und vorsätzlichen Mord, aber davon hat der da keinen blassen Schimmer. Ich habe auch keinen blassen Schimmer, wie sein Name ist; ich habe keine Ahnung, wie er heißt. Ich würde auf Kretin tippen, so wie der dreinschaut. Wie geht es Ihnen, Herr Kretin? Und was macht Ihr reizender kleiner Bruder, der mit den beiden Köpfen?

Ach, warum musste er denn ausgerechnet zu mir kommen mit seinem niedrigen Ansinnen? Warum kann er mich nicht in Frieden lassen? Ich verlange doch so wenig – nur allein gelassen zu werden in meiner stillen Tischecke, den ganzen Abend über all meinem stummen Gram hingegeben. Und da muss der daherkommen, mit seinen Verbeugungen und Kratzfüßen und seinen Darf-ich-um-diesen-bitten. Und ich musste hingehen und ihm sagen, dass ich schrecklich gern mit ihm tanze. Ich kann nicht begreifen, weshalb ich nicht auf der Stelle tot umgefallen bin. Jawohl, und tot umfallen wäre die reinste Landpartie im Vergleich dazu, mit diesem Knaben einen Tanz durchzustehen. Aber was konnte ich denn machen? Alle am Tisch waren aufgestanden, um zu tanzen, außer ihm und mir. Da saß ich, in der Falle. In einer Falle gefangen wie eine Falle in einer Falle.

Was kann man denn sagen, wenn einen einer zum Tanzen auffordert? Ich werde ganz bestimmt nicht mit Ihnen tanzen, und wenn der Teufel auf Stelzen kommt. Tja, vielen Dank, das würde ich furchtbar gern, aber ich liege gerade in den Wehen. O ja, lassen Sie uns unbedingt miteinander tanzen – es ist so nett, einen Mann kennenzulernen, der keinen Bammel vor einer Ansteckung mit meiner Beriberi hat. Nein. Mir blieb doch gar nichts anderes übrig, als schrecklich gern zu sagen. Na schön, bringen wir es hinter uns. Auf gehts, schneller Bomber, hinaus aufs Spielfeld. Du hast den Anstoß gewonnen; du kannst führen.

Tja, ich glaube, es ist eigentlich eher ein Walzer. Oder nicht? Wir könnten ja mal einen Moment der Musik zuhören. Sollen wir? Oh, ja, es ist ein Walzer. Ob mir das etwas ausmacht? Aber nein, ich bin ganz begeistert. Ich würde liebend gern mit Ihnen Walzer tanzen.

Ich würde liebend gern mit Ihnen Walzer tanzen. Ich würde liebend gern mit Ihnen Walzer tanzen. Ich würde mir liebend gern die Mandeln rausnehmen lassen, ich wäre liebend gern mitten in der Nacht in einem brennenden Schiff auf hoher See. Jetzt ist es sowieso zu spät. Wir nehmen allmählich Fahrt auf. Oh. Oje. Oje, oje. Oh, das ist ja noch schlimmer, als ich es mir vorgestellt habe. Das ist wohl auch das einzige stets verlässliche Naturgesetz – alles ist immer schlimmer, als man sichs vorgestellt hat. Oh, wenn ich einen Begriff davon gehabt hätte, wie dieser Tanz wirklich sein würde, hätte ich darauf bestanden, diese Runde auszusetzen. Na, letzten Endes wird es wohl aufs Gleiche hinauslaufen. Wir werden uns gleich auf den Boden setzen, wenn der so weitermacht.

Ich bin so froh, dass ich seine Aufmerksamkeit darauf gelenkt habe, dass sie jetzt einen Walzer spielen. Weiß der Himmel, was passiert wäre, wenn er gedacht hätte, es sei etwas Schnelles; wir wären glatt durch die Seitenwände des Gebäudes geschossen. Warum will er dauernd irgendwohin, wo er nicht ist? Warum können wir nicht mal lange genug an einem Ort bleiben, um uns zu akklimatisieren? Es ist dieses ständige Hetzen, Hetzen, Hetzen, was der Fluch des amerikanischen Lebens ist. Das ist der Grund, weshalb wir alle so – *Autsch!* Um Gottes willen, nicht *treten*, du Idiot; das Spiel hat doch erst angefangen. Oh, mein Schienbein. Mein armes, armes Schienbein, das ich schon als kleines Mädchen hatte!

O nein, nein, nein. Du liebe Güte, nein. Es hat überhaupt kein bisschen wehgetan. Und außerdem war es meine Schuld. Das war es wirklich. Ehrlich. Ach, Sie sagen das doch nur aus purer Höflichkeit. Es war wirklich ganz allein meine Schuld.

Ich frage mich, was ich machen soll – ihn auf der Stelle umbringen, mit meinen bloßen Händen, oder abwarten, bis er von selbst ermattet. Vielleicht ist es das Beste, keine Szene zu machen. Ich glaube, ich halte mich schlicht und einfach zurück und sehe zu, bis ihm das Tempo den Rest gibt. Er kann das ja nicht ewig durchhalten – er ist auch nur aus Fleisch und Blut. Sterben muss er, und sterben wird er für das, was er mir angetan. Ich will ja nicht überempfindlich sein, aber das macht mir niemand weis, dass dieser Tritt nicht vorbedacht war. Freud sagt, es gibt keine Zufälle. Ich habe kein zurückgezogenes Leben geführt, ich habe schon Tanzpartner erlebt, die mir die Schuhe zertrampelt und das Kleid zerfetzt haben; aber wenn es ans Treten geht, dann bin ich die geschändete Weiblichkeit in Person. Wenn du mir gegen das Schienbein trittst, *lächele.*

Vielleicht hat er es gar nicht böswillig getan. Vielleicht ist das nur seine Art, seine gehobene Stimmung zu zeigen. Vermutlich sollte ich froh sein, dass sich wenigstens einer von uns so glänzend amüsiert. Vermutlich sollte ich mich glücklich preisen, wenn er mich lebend zurückbringt. Vielleicht ist es pingelig, von einem praktisch Unbekannten zu verlangen, dass er einem die Schienbeine so lässt, wie er sie vorgefunden hat. Schließlich tut der arme Knabe ja nur sein

Bestes. Wahrscheinlich ist er hinter dem Mond aufgewachsen und hat nie keine Bildung nicht gehabt. Ich wette, sie mussten ihn auf den Rücken werfen, um ihm die Schuhe anzuziehen.

Ja, toll, nicht wahr? Einfach toll. Das ist ein toller Walzer. Nicht wahr? Oh, ich finde ihn auch toll.

Na, ich werde von diesem vielseitigen Stürmertalent ja geradezu angezogen. Er ist mein Held. Er hat das Herz eines Löwen und die Sehnen eines Büffels. Seht ihn euch an – nie der geringste Gedanke an die Folgen, nie die geringste Angst um sein Gesicht, wirft sich in jedes Getümmel, mit glänzenden Augen, mit glühenden Wangen. Und soll etwa geschrieben stehen, dass ich zauderte? Nein und tausendmal nein. Was bedeuten mir schon die nächsten Jahre in einem Gipsverband? Komm schon, Muskelprotz, mittendurch! Wer will schon ewig leben?

Oh. Oje. Oh, er ist in Ordnung, dem Himmel sei Dank. Eine Zeit lang dachte ich, sie müssten ihn vom Spielfeld tragen. Ach, ich könnte es nicht verwinden, wenn ihm etwas passieren würde. Ich liebe ihn. Ich liebe ihn mehr als jeden anderen auf der Welt. Seht euch den Elan an, den er in einen öden, banalen Walzer legt; wie verweichlicht die anderen Kämpfer neben ihm wirken. Er ist Jugend und Energie und Kühnheit, er ist Stärke und Frohsinn und – *Autsch!* Von meinem Spann runter, du ungeschlachter Trottel! Wofür hältst du mich eigentlich – eine Laufplanke? Autsch!

Nein, natürlich hat es nicht wehgetan. Aber kein bisschen. Ehrlich. Und es war allein meine Schuld. Wissen Sie, dieser kleine Schritt von Ihnen – der ist zwar absolut toll, aber am Anfang ist er eben ein klein bisschen tückisch

nachzumachen. Oh, den haben Sie sich selbst ausgedacht?
Wirklich? Also Sie sind ja ganz erstaunlich! Oh, ich glaube,
jetzt hab ich's. Oh, ich finde ihn toll. Ich habe Ihnen dabei
zugesehen, als Sie vorhin getanzt haben. Er ist ungeheuer
wirkungsvoll, wenn man zuschaut.

Er ist ungeheuer wirkungsvoll, wenn man zuschaut. Ich
wette, ich bin ungeheuer wirkungsvoll, wenn man mir zuschaut. Die Haare hängen mir ins Gesicht, mein Rock wi-
ckelt sich um mich herum, ich kann den kalten Schweiß auf
meiner Stirn fühlen. Ich muss aussehen wie etwas aus dem
»Untergang des Hauses Usher«. So etwas setzt einer Frau
meines Alters entsetzlich zu. Und er hat sich diesen kleinen
Schritt selbst ausgedacht, der mit seiner degenerierten Ver-
schlagenheit. Und am Anfang war er ein klein bisschen tückisch, aber jetzt, glaube ich, hab ich's. Zweimal Stolpern,
Schliddern und ein Zwanzig-Meter-Sprint; genau. Ich
habs. Ich hab auch noch ein paar andere Dinge, darunter
ein zersplittertes Schienbein und ein verbittertes Herz. Ich
hasse diese Kreatur, an die ich gefesselt bin. Ich hasste ihn
schon in dem Moment, als ich seine lüsterne, brutale Vi-
sage sah. Und nun bin ich die ganzen fünfunddreißig Jahre,
die dieser Walzer schon dauert, in seiner verruchten Um-
armung gefangen. Hört das Orchester denn nie zu spielen
auf? Oder muss diese obszöne Travestie eines Tanzes bis
zum Sankt-Nimmerleins-Tag weitergehen?

Oh, sie spielen noch eine Zugabe. Oh, fein. Oh, das ist
toll. Müde? Ich bin überhaupt nicht müde. Ich würde am
liebsten endlos so weitermachen.

Ich bin überhaupt nicht müde. Ich bin nur tot, das ist
alles. Tot, und wofür? Und die Musik wird nie zu spielen

aufhören, und wir werden so weitermachen, Affenzahn-Charlie und ich, bis in alle Ewigkeit. Vermutlich wird es mir nach den ersten hunderttausend Jahren nichts mehr ausmachen. Vermutlich wird dann nichts mehr zählen, weder Hitze noch Schmerz, noch gebrochenes Herz, noch gnadenlose, quälende Müdigkeit. Na ja. Mir kann es nicht früh genug so weit sein.

Ich frage mich, warum ich ihm nicht gesagt habe, dass ich müde bin. Ich frage mich, warum ich nicht vorgeschlagen habe, an den Tisch zurückzugehen. Ich hätte anregen können, dass wir einfach der Musik zuhören. Ja, und wenn er eingewilligt hätte, dann wäre es das erste Quäntchen Beachtung gewesen, das er ihr den ganzen Abend geschenkt hat. George Jean Nathan hat gesagt, die herrlichen Rhythmen des Walzers sollten schweigend angehört werden und nicht von sonderbaren Verrenkungen des menschlichen Körpers begleitet sein. Ich glaube, das hat er gesagt. Ich glaube, es war George Jean Nathan. Aber ganz egal, was er gesagt hat und wer er war und was er heute treibt, er ist besser dran als ich. Das steht fest. Jeder, der nicht mit diesem wild gewordenen Trampeltier tanzt, das ich da habe, ist fein raus.

Aber wenn wir wieder am Tisch wären, dann müsste ich wahrscheinlich mit ihm reden. Seht ihn euch an – was könnte man schon zu so einem Typ sagen! Sind Sie dieses Jahr in den Zirkus gegangen, welches Eis essen Sie am liebsten, wie buchstabieren Sie Hund? Ich denke, ich bin hier genauso gut dran. So gut dran jedenfalls wie in einer auf Hochtouren laufenden Betonmischmaschine.

Ich bin jetzt jenseits von guten und bösen Gefühlen.

Wenn er mir auf den Fuß tritt, merke ich es nur noch am Geräusch der splitternden Knochen. Und alle Ereignisse meines Lebens ziehen vor meinen Augen vorbei. Da war die Zeit, als ich in der Karibik in einen Hurrikan geriet, da war der Tag, als ich mir bei dem Taxizusammenstoß den Kopf zerschmetterte, da war der Abend, als das betrunkene Frauenzimmer ihrer einzigen wahren Liebe einen bronzenen Aschenbecher nachwarf und mich erwischte, da war der Sommer, in dem das Segelboot dauernd kenterte. Ach, was für ein unbeschwertes, friedvolles Dasein mir doch beschieden war, ehe ich mich mit diesem Sausewind da einließ. Ich wusste nicht, was Sorgen sind, bevor ich zu diesem *danse macabre* eingezogen wurde. Ich glaube, mein Verstand beginnt, sich zu verwirren. Es scheint mir fast, als ob das Orchester aufgehört hätte. Das kann natürlich nicht sein; das könnte nie, niemals der Fall sein. Und doch ist in meinen Ohren eine Stille wie von Engelszungen …

Oh, sie haben aufgehört, wie gemein von ihnen. Sie haben für heute Schluss gemacht. Oh, verflixt. Oh, glauben Sie, dass sie das tun würden? Glauben Sie das wirklich, wenn Sie ihnen zwanzig Dollar geben würden? Oh, das wäre toll. Und hören Sie, sagen Sie ihnen doch bitte, dass sie das gleiche Stück spielen sollen. Ich würde einfach schrecklich gerne weiter Walzer tanzen.

LEW TOLSTOI

Das Samtband

Der Ball hatte eben erst begonnen, als Kitty mit ihrer Mutter die große, lichtüberflutete Treppe hochstieg, die gesäumt war von Blumen und gepuderten Lakaien in roten Kaftanen. Aus den Sälen drang wie aus einem Bienenstock das gleichmäßige Rauschen der Bewegung, und während die beiden auf dem Treppenabsatz, zwischen Bäumchen, vor dem Spiegel ihre Frisuren ordneten, waren aus dem einen Saal die vorsichtig-deutlichen Geigenklänge des Orchesters zu hören, das den ersten Walzer anstimmte. Ein altes Männlein in Beamtenuniform, das vor dem anderen Spiegel seine grauen Schläfenhaare geordnet hatte und Parfümgeruch verbreitete, stieß an der Treppe mit ihnen zusammen und trat beiseite, mit sichtlichem Vergnügen an der ihm unbekannten Kitty. Ein bartloser Jüngling in weit offener Weste, einer derjenigen aus der Hautevolee, die der alte Fürst »Gickel« nannte, rückte im Gehen die weiße Halsbinde zurecht, grüßte die beiden und rannte weiter, kehrte aber zurück, um Kitty zur Quadrille aufzufordern. Die erste Quadrille war bereits an Wronski vergeben, sie musste dem Jüngling die zweite überlassen. Ein Offizier, der sich gerade den Handschuh zuknöpfte, trat an der Tür beiseite, strich sich den Schnurrbart und hatte sein Vergnügen an der rosaroten Kitty.

Obgleich die Toilette, die Frisur und alle Ballvorbereitungen Kitty viel Mühe und Überlegung gekostet hatten, betrat sie in ihrer raffinierten Tüllrobe mit rosa Unterkleid den Ball nun so frei und schlicht, wie wenn diese ganzen Rosetten, Spitzen und alle Details der Toilette sie und ihre Hausangehörigen keine Minute Aufmerksamkeit gekostet hätten, wie wenn sie in diesem Tüll, den Spitzen, mit dieser Hochfrisur samt Rose und zwei Blättern obendran zur Welt gekommen wäre.

Als die alte Fürstin ihr vor dem Saaleingang ein verdrehtes Band am Gürtel ordnen wollte, wich Kitty leicht aus. Sie hatte das Gefühl, alles an ihr müsste von allein schön und graziös sein, da sei nichts zurechtzurücken.

Kitty hatte einen ihrer glücklichen Tage. Das Kleid engte sie nirgends ein, nirgends hing die Spitzenberthe herab, die Rosetten waren nicht zerknittert und nicht abgerissen; die rosa Schuhe mit den hohen, gebogenen Absätzen drückten nicht, sondern stimmten das Füßchen heiter. Die dicken blonden Haarflechten hielten sich auf dem kleinen Köpfchen, als wären es die eigenen. Die Handschuhknöpfe waren alle drei zugegangen, ohne zu reißen, und der lange Handschuh umschmiegte den Arm, ohne dessen Form zu verändern. Das schwarze Samtband des Medaillons umschlang besonders liebevoll ihren Hals. Dieses Samtband war zu reizend, und als Kitty zu Hause ihren Hals im Spiegel angeschaut hatte, hatte sie ein Gefühl, als ob das Samtband spräche. Bei allem anderen konnte es noch Zweifel geben, aber das Samtband war reizend. Kitty lächelte auch hier auf dem Ball, als sie es im Spiegel erblickte. An den entblößten Schultern und Armen spürte Kitty eine kalte Marmorhaftigkeit, ein Gefühl, das sie besonders gern mochte. Ihre Augen blitzten, und die roten Lippen konnten nicht anders als zu lächeln im Bewusstsein ihrer Anziehungskraft. Kaum hatte sie den Saal betreten, und noch hatte sie nicht die Tüll-, Bänder-, Spitzen- und Farbwolken der Damen erreicht, die in Gruppen auf eine Aufforderung zum Tanz warteten (Kitty stand niemals lange in diesen Gruppen), da wurde sie bereits zum Walzer aufgefordert, und aufgefordert vom besten Kavalier, vom obersten Kavalier in der Ballhierarchie, dem berühmten Tanz- und Zeremonienmeister, dem verheirateten, schönen und stattlichen Jegoruschka Korsunski. Eben erst hatte er sich von Gräfin Banina getrennt, mit der er die erste Walzerrunde gedreht hatte, und schaute sich in seinem Reich um, also unter den wenigen tanzenden Paaren, da sah er Kitty eintreten und kam in jenem besonderen, nur Tanzmeistern eigenen, ungezwungenen Passgang angelaufen, verbeugte sich und legte, ohne überhaupt zu fragen, ob sie wolle, seinen Arm um ihre dünne Taille. Sie sah sich um, wem sie ihren Fächer geben könnte, und lächelnd nahm ihn die Gastgeberin ihr ab.

»Wie schön, dass Sie rechtzeitig kommen«, sagte er, als er ihre Taille umfing, »was ist das für eine Art, sich zu verspäten.«

Sie legte, zurückgebeugt, die linke Hand auf seine Schulter, und die kleinen Füßchen in den rosa Schuhen bewegten sich rasch, leicht und gleichmäßig im Takt der Musik über das glatte Parkett.

»Eine Erholung, mit Ihnen Walzer zu tanzen«, sagte er während der ersten, noch langsameren Walzerschritte.

»Reizend, welche Leichtigkeit, welche *précision*!« Das sagte er zu fast allen guten Bekannten.

Sie lächelte auf sein Lob, und über seine Schulter betrachtete sie weiterhin den Saal. Sie war keine Debütantin mehr, für die alle Gesichter auf einem Ball zu einem einzigen, zauberhaften Eindruck verfließen; sie war auch kein schon lange von Ball zu Ball geschlepptes junges Mädchen, dem sämtliche Ballgesichter derart vertraut sind, dass sie sie langweilen; sie war in der Mitte zwischen beidem – sie war erregt, hatte sich aber so weit in der Hand, dass sie zugleich beobachten konnte. In der linken Saalecke hatte sich, das sah sie, die Creme der Gesellschaft versammelt. Dort war die über alle Maßen dekolletierte schöne Liddy, Korsunskis Frau, dort war die Gastgeberin, dort glänzte die Glatze Kriwins, der immer dort war, wo auch die Creme der Gesellschaft war; dorthin schauten die Jünglinge, ohne sich näher hinzutrauen; und dort fanden ihre Augen auch Stiwa, dann erblickte sie die reizende Gestalt und den Kopf von Anna im schwarzen Samtkleid. Auch er war dort. Kitty hatte ihn seit dem Abend, als sie Lewin abwies, nicht mehr gesehen. Mit ihren weitsichtigen Augen hatte Kitty ihn sofort erkannt und sogar bemerkt, dass er zu ihr herschaute.

»Wie wäre es, noch eine Runde? Sie sind nicht müde?« fragte Korsunski, ein wenig außer Atem.

»Nein, haben Sie Dank.«

»Wohin darf ich Sie bringen?«

»Dort ist, glaube ich, Karenina – bringen Sie mich zu ihr.«

»Wohin Sie wünschen.«

Und Korsunski walzte gemäßigteren Schrittes geradewegs auf die Gruppe in der linken Saalecke zu, unter viel-

fachem: »*Pardon, mesdames, pardon, pardon, mesdames*«
lavierte er durch das Meer von Spitzen, Tüll und Bändern
und blieb nicht einmal an einem Federchen hängen, dann
schwenkte er seine Dame so heftig, dass ihre schlanken
Beine in den durchbrochenen Strümpfen zu sehen waren
und ihre Schleppe sich fächerartig ausbreitete, Kriwin
über die Knie. Korsunski verbeugte sich, reckte die offene
Brust und bot ihr den Arm, um sie zu Anna Arkadjewna
zu bringen. Über und über rot, löste Kitty die Schleppe
von Kriwins Knien, und ein wenig taumelig blickte sie
sich nach Anna um. Anna stand, von Damen und Herren
umringt, und unterhielt sich. Sie trug nicht Lila, wie Kitty
es unbedingt gewollt hatte, sondern ein schwarzes, tief aus-
geschnittenes Samtkleid, das ihre wie aus altem Elfenbein
gedrechselten, vollen Schultern und den Busen freilegte und
die rundlichen Arme mit den dünnen, winzigen Händen.
Das Kleid war gänzlich mit venezianischer Gipüre besetzt.
Auf dem Kopf, im schwarzem Haar, eigenem ohne fremde
Zutat, hatte sie eine kleine Girlande aus Stiefmütterchen
und eine gleiche auf dem schwarzen Gürtelband zwischen
den weißen Spitzen. Ihre Frisur war unauffällig. Auffällig
waren nur, und das schmückte sie, die eigenwilligen kurzen Kringel des lockigen Haars, die am Hinterkopf und an
den Schläfen stets hervorrutschten. An dem gedrechselten,
kraftvollen Hals trug sie eine Perlenkette.

Kitty hatte Anna jeden Tag gesehen, war in sie verliebt
und hatte sie sich unbedingt in Lila vorgestellt. Jetzt aber,
da sie sie in Schwarz sah, merkte sie, dass sie ihren betörenden Reiz noch nicht begriffen hatte. Sie sah sie jetzt auf
vollkommen neue, für sie selbst überraschende Weise. Jetzt

begriff sie, dass Anna nicht in Lila hatte kommen können und dass ihr Reiz eben darin bestand, dass sie stets aus ihrer Toilette heraustrat, dass die Toilette an ihr niemals sichtbar war. Auch das schwarze Kleid mit den üppigen Spitzen war an ihr nicht sichtbar; es war nur ein Rahmen, und sichtbar war allein sie, Anna, schlicht, natürlich, elegant und zugleich fröhlich und lebhaft.

Sie stand und hielt sich wie immer außerordentlich gerade, und als Kitty zu der Gruppe trat, sprach sie mit dem Gastgeber, den Kopf leicht zu ihm gedreht.

»Nein, ich werfe nicht den ersten Stein«, entgegnete sie ihm gerade, »obwohl ich es nicht verstehe«, fuhr sie achselzuckend fort, um sich sogleich mit einem herzlichen, protegierenden Lächeln Kitty zuzuwenden. Ein flüchtiger weiblicher Blick, und sie hatte ihre Toilette begutachtet und machte eine kaum merkliche, doch Kitty verständliche, ihre Toilette und Schönheit gutheißende Kopfbewegung. »Sogar den Saal betreten Sie tanzend«, fügte sie noch hinzu.

»Sie ist eine meiner treusten Helferinnen«, sagte Korsunski und begrüßte Anna Arkadjewna, die er noch nicht gesehen hatte. »Die Prinzessin hilft mit, einen Ball fröhlich und schön werden zu lassen. Anna Arkadjewna, eine Walzerrunde!«, sagte er und verneigte sich.

»Sind Sie denn bekannt miteinander?« fragte der Gastgeber.

»Wen kennen wir nicht? Meine Frau und ich, wir sind wie weiße Wölfe, uns kennt jeder«, antwortete Korsunski. »Eine Walzerrunde, Anna Arkadjewna.«

»Ich tanze nicht, wenn es möglich ist, nicht zu tanzen«, sagte sie.

»Heute ist das aber unmöglich«, entgegnete Korsunski.

In diesem Augenblick trat Wronski hinzu.

»Nun, wenn nicht zu tanzen heute unmöglich ist, dann kommen Sie«, sagte sie, ohne Wronskis Verbeugung zu beachten, und hob ihre Hand rasch auf Korsunskis Schulter.

›Wieso ist sie mit ihm unzufrieden?‹, überlegte Kitty, da sie bemerkt hatte, dass Anna Wronskis Verbeugung mit Absicht übersah. Wronski trat zu Kitty, erinnerte sie an die erste Quadrille und bedauerte, dass er die ganze Zeit nicht das Vergnügen hatte, sie zu sehen. Kitty betrachtete mit Bewunderung die tanzende Anna und hörte ihm zu. Sie erwartete, dass er sie zum Walzer auffordern würde, aber er forderte sie nicht auf, und sie blickte ihn verwundert an. Er wurde rot und forderte sie hastig zum Tanzen auf, aber kaum hatte er ihre dünne Taille umfasst und den ersten Schritt getan, als die Musik plötzlich abbrach. Kitty schaute ihm ins Gesicht, das sie in so geringem Abstand vor sich hatte, und noch lange danach, Jahre später, sollte ihr dieser Blick voll Liebe, mit dem sie ihn damals angesehen hatte und den er nicht erwiderte, mit peinigender Scham ins Herz schneiden.

»*Pardon, pardon!* Walzer, Walzer!« rief auf der anderen Seite des Saales Korsunski; er griff sich die erste beste junge Dame und begann zu tanzen.

Wronski tanzte ein paar Walzerrunden mit Kitty. Nach dem Walzer ging Kitty zu ihrer Mutter, und kaum hatte sie ein paar Worte mit Nordston gewechselt, holte Wronski sie bereits zur ersten Quadrille ab. Während der Quadrille kam nichts von Bedeutung zur Sprache, das immer wieder unterbrochene Gespräch drehte sich mal um die

Korsunskis, Mann und Frau, die Wronski sehr drollig als nette vierzigjährige Kinder beschrieb, mal um das künftige Theater für die ganze Gesellschaft, und nur einmal ging das Gespräch ihr empfindlich nahe, als er nach Lewin fragte, ob er hier sei, und hinzufügte, er habe ihm sehr gefallen. Aber Kitty hatte sich von der Quadrille auch nicht mehr erwartet. Sie wartete beklommenen Herzens auf die Mazurka. Ihr schien, während der Mazurka müsste es sich entscheiden. Dass er sie während der Quadrille nicht zur Mazurka aufforderte, beunruhigte sie nicht. Sie war überzeugt, wie auf früheren Bällen würde sie die Mazurka mit ihm tanzen, und wies fünf Bewerber ab, sagte, sie habe schon jemanden. Bis zur letzten Quadrille war der gesamte Ball für Kitty ein zauberhafter Traum aus frohen Farben, Klängen und Bewegungen. Nur wenn sie sich zu müde fühlte und Erholung brauchte, tanzte sie nicht. Als sie jedoch mit einem der langweiligen Jünglinge, den sie nicht hatte abweisen können, die letzte Quadrille tanzte, gelangte sie zufällig *vis-à-vis* von Wronski und Anna. Seit ihrer Ankunft auf dem Ball war sie nicht mehr mit Anna zusammengetroffen, und nun erblickte sie Anna plötzlich auf wieder vollkommen neue, überraschende Weise. Sie erblickte an ihr, was sie selbst so gut kannte – Erregung über den Erfolg. Sie sah, dass Anna berauscht war vom Wein des von ihr erregten Entzückens. Sie kannte dieses Gefühl, kannte seine Anzeichen und sah sie an Anna – sah den bebenden, flackernden Glanz der Augen und das Lächeln des Glücks und der Erregung, das unwillkürlich die Lippen verzog, sah die ausgeprägte Grazie, Bestimmtheit und Leichtigkeit der Bewegungen.

›Wer ist es?‹ fragte sie sich. ›Alle oder einer?‹ Dem sich

abquälenden Jüngling, ihrem Tanzpartner, der den Gesprächsfaden verloren hatte und nicht wieder zu fassen bekam, half sie nicht, und nur äußerlich ordnete sie sich den lauten und fröhlichen Befehlen Korsunskis unter, der alle bald in den *grand rond**, bald in die *chaîne*** trieb, – sie beobachtete, und ihr Herz krampfte sich mehr und mehr zusammen. ›Nein, nicht die Bewunderung der Menge hat sie berauscht, sondern das Entzücken eines einzigen. Und dieser einzige? ist es wirklich er?‹ Jedesmal, wenn er mit Anna sprach, flackerte in ihren Augen freudiger Glanz auf und das Lächeln des Glücks verzog ihr die roten Lippen. Sie schien sich angestrengt zu beherrschen, um diese Freudenzeichen nicht zu offenbaren, aber sie traten ganz von allein auf ihrem Gesicht hervor. ›Doch was ist mit ihm?‹ Kitty schaute zu ihm und war entsetzt. Was Kitty im Spiegel von Annas Gesicht so klar vorgeführt bekam, erblickte sie auch an ihm. Wo waren seine stets ruhige, unerschütterliche Art und der unbekümmert ruhige Gesichtsausdruck hingeraten? Nein, jetzt neigte er jedesmal, wenn er sich an sie wandte, ein wenig den Kopf, als wollte er vor ihr niederfallen, und in seinem Blick lag nichts als Ergebenheit und Furcht. ›Ich möchte nicht verletzen‹, schien sein Blick jedesmal zu sagen, ›sondern möchte mich retten und weiß nicht, wie.‹ Auf seinem Gesicht lag ein Ausdruck, den sie vorher noch nie gesehen hatte.

Sie sprachen von gemeinsamen Bekannten, führten ein überaus nichtssagendes Gespräch, aber Kitty kam es vor,

* großen Kreis *(frz.)*
** Kette *(frz.)*

als entscheide jedes Wort, das sie sagten, über das Schicksal der beiden wie über ihr eigenes. Und es war seltsam, obwohl sie tatsächlich davon sprachen, wie lächerlich Iwan Iwanowitsch mit seinem Französisch sei und dass man für Jelezkaja eine bessere Partie hätte finden können, dennoch hatten diese Worte für sie eine Bedeutung, und sie fühlten das ebenso wie Kitty. Der ganze Ball, die ganze Welt überzog sich in Kittys Herz mit Nebel. Lediglich die strenge Schule der Erziehung, die sie durchlaufen hatte, hielt sie aufrecht und ließ sie tun, was von ihr verlangt wurde, also tanzen, Fragen beantworten, sprechen, sogar lächeln. Vor Beginn der Mazurka jedoch, als bereits die Stühle aufgestellt wurden und einige Paare sich aus den kleineren Sälen in den großen begaben, befiel Kitty ein Moment der Verzweiflung und des Entsetzens. Fünf hatte sie abgewiesen, und jetzt würde sie die Mazurka nicht tanzen. Es gab auch keine Hoffnung mehr, dass sie noch aufgefordert würde, eben weil sie viel zuviel gesellschaftlichen Erfolg hatte und es niemandem in den Sinn käme, sie sei bislang noch nicht aufgefordert worden. Sie musste der Mutter sagen, dass sie sich unwohl fühlte, und nach Hause fahren, aber dazu hatte sie keine Kraft. Sie fühlte sich am Boden zerstört.

Sie zog sich in die Tiefe eines kleinen Salons zurück und ließ sich in einen Sessel fallen. Der luftige Rock ihrer Robe umwölkte ihre schlanke Gestalt; der eine entblößte, dünne und zarte Mädchenarm fiel kraftlos herab, versank in den Falten der rosa Tunika; in der anderen Hand hielt sie den Fächer und fächelte sich mit raschen, knappen Bewegungen das erhitzte Gesicht. Trotz ihres Anblicks – ein Schmetterling, der sich kurz an einen Grashalm klammert, um gleich wieder aufzuflattern und die farbenfrohen Flügel auszubreiten – presste schlimme Verzweiflung ihr das Herz ab.

›Vielleicht irre ich mich ja, vielleicht war gar nichts?‹

Und sie ging erneut in Gedanken durch, was sie gesehen hatte.

»Kitty, was hat das zu bedeuten?« fragte Gräfin Nordston, die auf dem Teppich unhörbar herangekommen war. »Ich begreife das nicht.«

Kittys Unterlippe zuckte; sie stand rasch auf.

»Kitty tanzt du nicht die Mazurka?«

»Nein, nein«, sagte Kitty mit vor Tränen zitternder Stimme.

»Er hat sie in meinem Beisein um die Mazurka gebeten.« Nordston wusste, dass Kitty begriff, wer er war und sie. »Sie sagte: Aber tanzen Sie denn nicht mit Prinzessin Schtscherbazkaja?«

»Ach, mir ist alles gleich!« versetzte Kitty.

Niemand außer ihr selbst verstand ihre Lage, niemand wusste, dass sie unlängst einen Mann abgewiesen hatte, den sie vielleicht liebte, darum abgewiesen hatte, weil sie an einen anderen glaubte.

Gräfin Nordston fand Korsunski, mit dem sie die Mazurka tanzen sollte, und hieß ihn Kitty auffordern.

Kitty tanzte im ersten Paar, und zu ihrem Glück musste sie nicht reden, denn Korsunski hatte ständig zu laufen und sein Reich zu befehligen. Wronski und Anna saßen ihr fast gegenüber. Sie sah die beiden mit ihren weitsichtigen Augen, sah sie auch aus der Nähe, wenn sie in den Paaren aufeinandertrafen, und je öfter sie die beiden sah, desto mehr gewann sie die Überzeugung, dass ihr Unglück besiegelt war.

Sie sah, dass die beiden sich allein fühlten in diesem über-
füllten Saal. Und auf Wronskis stets so unerschütterlichem
und unabhängigem Gesicht sah sie, was sie frappierte, einen
Ausdruck von Verlorenheit und Ergebenheit, dem Ausdruck eines klugen Hundes gleich, wenn er schuldig ist.

Anna lächelte, und ihr Lächeln übertrug sich auf ihn. Sie
dachte nach, und er wurde ernst. Eine übernatürliche Kraft
zog Kittys Augen immer wieder zu Annas Gesicht. Sie war
betörend in ihrem schlichten schwarzen Kleid, betörend
waren ihre fülligen Arme mit den Armbändern, betörend
der entschlossene Hals mit der Perlenkette, betörend die
hervorgerutschten Haarkringel der in Unordnung gerate-
nen Frisur, betörend die graziösen, leichten Bewegungen
der kleinen Füße und Hände, betörend dieses schöne Gesicht in seiner Lebhaftigkeit; doch war etwas Entsetzliches
und Grausames an ihrem betörenden Reiz.

Kitty bewunderte sie noch mehr als zuvor, und sie litt
immer mehr. Sie fühlte sich völlig zermalmt, und ihr Gesicht brachte es zum Ausdruck. Als Wronski in der Mazurka mit ihr zusammentraf und sie erblickte, erkannte er
sie nicht gleich, so hatte sie sich verändert.

»Ein wundervoller Ball!« sagte er zu ihr, nur um irgend-
etwas zu sagen.

»Ja«, erwiderte sie.

Mitten in der Mazurka trat Anna in den Kreis, um eine
komplizierte, von Korsunski neu erdachte Figur nachzumachen, suchte sich zwei Kavaliere aus und holte eine Dame
und Kitty dazu. Kitty schaute sie erschrocken an, während
sie zu ihr ging. Die Augen zugekniffen, schaute Anna sie an,
drückte ihr die Hand und lächelte. Doch als sie merkte, dass

Kittys Gesicht nur mit einem Ausdruck der Verzweiflung und Verwunderung ihr Lächeln erwiderte, wandte sie sich ab und begann fröhlich mit der anderen Dame zu reden.

›Ja, etwas Fremdes, Dämonisches und Betörendes hat sie an sich‹, sagte sich Kitty.

Anna wollte nicht zum Souper bleiben, der Gastgeber drängte sie aber.

»Nicht doch, Anna Arkadjewna«, sagte Korsunski und nahm ihren entblößten Arm unter seinen Frackärmel. »Was für eine Idee ich habe für den Cotillon! *Un bijou!**«

Und er machte ein paar Schritte, um sie mitzuziehen. Der Gastgeber lächelte zustimmend.

»Nein, ich bleibe nicht«, erwiderte Anna lächelnd; trotz ihres Lächelns hatten Korsunski wie der Gastgeber an dem entschiedenen Ton ihrer Antwort verstanden, dass sie nicht bleiben würde.

»Nein, sowieso habe ich in Moskau auf Ihrem einen Ball mehr getanzt als in Petersburg den ganzen Winter.« Anna blickte sich zu dem danebenstehenden Wronski um. »Ich muss mich ausruhen vor der Reise.«

»Sie haben entschieden, morgen zu fahren?« fragte Wronski.

»Ja, ich denke schon«, erwiderte Anna, gleichsam verwundert über die Kühnheit seiner Frage; doch der unbändige, bebende Glanz ihrer Augen und ihres Lächelns versengte ihn, während sie das sagte.

Anna Arkadjewna blieb nicht zum Souper und fuhr nach Haus.

---

* Ein Kleinod *(frz.)*

RAYMOND CHANDLER

Playback

Der Empfangsbereich lag auf einer Galerie, von der man auf eine Bar und einen Speisesaal hinabsah. Eine geschwungene Treppe mit Spannteppich führte hinab. Oben waren nur die Garderobenfrau und ein älterer Mann in einer Telefonkabine, dessen Miene darauf hindeutete, dass mit ihm nicht zu spaßen war.

Ich ging die Treppe zur Bar hinunter und schob mich in ein halbrundes Séparée mit Blick auf die Tanzfläche. Die eine Seite des Gebäudes bestand aus einer riesigen Panoramascheibe. Draußen war nichts als Nebel, aber in klaren Nächten mit niedrigem Vollmond über dem Wasser musste der Ausblick sensationell sein. Eine dreiteilige mexikanische Combo spielte das, was mexikanische Combos eben so spielen. Es klingt immer gleich. Sie singen immer dasselbe Stück, es hat immer schöne offene Vokale und ein langgedehntes zuckersüßes Gezirpe, der Sänger gniedelt auf einer Gitarre herum und hat sehr viel über *amor* und *mi corazón* zu sagen, eine Dame, die *linda,* aber sehr schwer zu erweichen ist, er hat immer zu lange und zu ölige Haare, und wenn er sein Liebesgefiepe mal sein lässt, sieht er aus, als könne er in einer dunklen Gasse effizient und ökonomisch mit einem Messer umgehen.

Auf der Tanzfläche hampelte ein halbes Dutzend Paare

mit der hemmungslosen Hingabe eines arthritischen Nachtwächters. Die meisten tanzten Wange an Wange, falls man das Tanzen nennen kann. Die Männer trugen weiße Smokings, und die Frauen trugen leuchtende Augen, rubinrote Lippen und Tennis- oder Golfmuskeln. Ein Paar tanzte nicht Wange an Wange. Er war zu betrunken, um den Takt zu halten, und sie war zu beschäftigt, sich nicht auf die Pumps treten zu lassen. Meine Angst, Miss Betty Mayfield aus den Augen zu verlieren, war unnötig gewesen. Sie war da, bei Mitchell und alles andere als glücklich. Mitchell grinste mit offenem Mund, sein Gesicht war rot und glänzte, und seine Augen stierten glasig. Betty hielt den Kopf so weit von ihm weg, wie sie konnte, ohne sich das Genick zu brechen. Es war mehr als offenkundig, dass sie Mr. Larry Mitchell jetzt bis zum Erbrechen ausgekostet hatte.

Ein mexikanischer Kellner in kurzem grünem Jackett und weißer Hose mit grünen Zierstreifen trat an meinen Tisch, ich bestellte einen doppelten Gibson und fragte, ob ich auch in meiner Nische ein Club-Sandwich haben könne. Er sagte, *Muy bien, Señor,* schenkte mir ein strahlendes Lächeln und verschwand.

Die Musik hörte auf, es wurde halbherzig geklatscht. Die Kapelle war tief bewegt und spielte gleich noch eine Nummer. Ein dunkelhaariger Oberkellner, der wie ein abgehalfterter Herbert Marshall aussah, scharwenzelte vertraulich lächelnd zwischen den Tischen hin und her. Dann zog er einen Stuhl zurück und setzte sich zu einem großen und gutaussehenden Mann, irischer Typ, im Haar genau den richtigen Hauch von Grau. Er schien allein zu sein. Er trug einen dunklen Smoking mit einer weinroten Nelke im Knopfloch. Er schien ein netter Kerl zu sein, solange man ihm nicht dumm kam. Viel mehr ließ sich aus der Ferne und bei dieser Beleuchtung nicht erkennen. Wer ihm trotzdem dumm kam, war lieber groß, schnell, hart und in Bestform.

Der Oberkellner beugte sich vor und sagte etwas, und beide sahen zu Mitchell und der Mayfield hinüber. Der Ober wirkte beunruhigt, den Hünen schien das nicht groß zu jucken. Der Oberkellner stand auf und ging. Der Hüne steckte eine Zigarette in eine Spitze, und ein Kellner zückte ein Feuerzeug, als hätte er den ganzen Abend auf diese Gelegenheit gewartet. Der Hüne bedankte sich, ohne hochzusehen.

Mein Drink kam, und ich trank einen Schluck. Die Musik wurde stumm und blieb stumm. Die Paare lösten sich voneinander und schlenderten an ihre Tische zurück. Larry Mitchell ließ Betty nicht los. Er grinste immer noch. Dann zog er sie an sich. Legte ihr die Hand hinter den Kopf. Sie versuchte, ihn abzuschütteln. Er zog sie fester an sich und drückte sein erhitztes Gesicht an ihres. Sie wehrte sich, aber er war zu stark für sie. Er schlabberte sie weiter ab. Sie trat ihn. Er riss verärgert den Kopf zurück.

»Lass mich los, du besoffenes Schwein«, sagte sie außer Atem, aber deutlich zu verstehen.

Sein Gesicht wurde zur Fratze. Er packte sie so hart an den Armen, dass sie blaue Flecken bekommen musste, zog sie langsam und mit all seiner Kraft an sich und hielt sie fest. Alles gaffte, aber niemand schritt ein.

»Wasn los, Baby, hasse Daddy nich mehr lieb?«, wollte er laut und lallend wissen.

Ich konnte nicht sehen, was sie mit dem Knie machte, konnte es mir aber denken, und es tat ihm weh. Er stieß sie weg, und sein Gesichtsausdruck verzerrte sich bösartig. Dann holte er aus und ohrfeigte sie mit Vor- und Rückhand. Ihre Haut lief sofort rot an.

Sie blieb stocksteif stehen und sagte dann so laut und deutlich, dass man es im ganzen Saal hören konnte: »Wenn Sie das noch mal machen, Mr. Mitchell, sollten Sie eine kugelsichere Weste tragen.«

Sie drehte sich um und ging. Sein Gesicht war kalkweiß geworden – ob vor Schmerz oder Wut, konnte ich nicht sagen. Der Oberkellner trat diskret zu ihm, murmelte ihm etwas ins Ohr und zog fragend eine Augenbraue hoch.

Mitchell ließ den Kopf sinken und sah den Mann an. Dann setzte er sich wortlos in Bewegung, als wäre der Oberkellner Luft für ihn, und dieser stolperte beiseite. Mitchell folgte Betty, rempelte einen Sitzenden an, fand aber nicht mal ein Wort der Entschuldigung. Betty setzte sich an einen Tisch am Panoramafenster direkt neben dem des dunklen Hünen im Smoking. Er sah sie an. Er sah Mitchell an. Er nahm seinen Zigarettenhalter aus dem Mund und sah den an. Sein Gesicht war völlig ausdruckslos.

Mitchell kam an den Tisch. »Du hass mir wehgetan, Schnuggi«, sagte er lallend, aber laut. »Wenn man mir wehtut, werd ich wild. Kapiert? Richtig wild. Da is ne Entschuldigung fällig.«

Sie stand auf, riss einen Überwurf von der Stuhllehne und sah ihm in die Augen.

»Soll ich die Rechnung übernehmen, Mr. Mitchell – oder zahlen Sie mit dem, was Sie sich von mir geliehen haben?«

Seine Hand holte wieder aus. Sie rührte sich nicht. Der Mann am Nebentisch schon. In einer fließenden Bewegung kam er hoch und packte Mitchells Handgelenk.

»Reg dich ab, Larry. Du hast einen sitzen.« Er klang ruhig, fast amüsiert.

Mitchell riss sich los und fuhr herum. »Halt dich da raus, Brandon.«

»Nur zu gern, alter Knabe. Ich hab da nichts mit am Hut. Aber du scheuerst der Dame lieber nicht noch eine. Hier werden selten Leute rausgeschmissen – aber es soll schon vorgekommen sein.«

Mitchell lachte verkniffen. »Warum machste nicht einfach 'n Abgang, Mister?«

Der Hüne sagte leise: »Ich hab gesagt, reg dich ab, Larry. Ich sag's nicht noch mal.«

Mitchell funkelte ihn an. »Okay, bis später«, sagte er mürrisch. Er wollte gehen, drehte sich aber noch mal um. »Viel später«, fügte er hinzu. Dann ging er hinaus – schwankend, aber schnell, mit leerem Blick.

Brandon stand einfach da. Die Frau stand einfach da. Sie wusste nicht recht, was sie machen sollte.

Sie sah ihn an. Er sah sie an. Er lächelte, höflich und entspannt, keine Anmache. Sie lächelte nicht zurück.

»Kann ich was für Sie tun?«, fragte er. »Sie irgendwo hinbringen?« Er drehte den Kopf beiseite. »Ach, Carl?«

Der Oberkellner kam zu ihm geeilt.

»Keine Rechnung«, sagte Brandon. »Unter diesen Umständen –«

»Bitte«, sagte die Frau scharf. »Meine Rechnungen kann ich immer noch selbst bezahlen.«

Er schüttelte ruhig den Kopf. »Kulanz des Hauses«, sagte er. »Hat nichts mit mir zu tun. Aber dürfte ich Ihnen einen Drink kommen lassen?«

Sie sah ihn weiter an. Er war mehr nach ihrem Geschmack. »Kommen lassen?«, fragte sie.

Er lächelte höflich. »Gut, dann eben bringen – wenn Sie sich setzen mögen.«

Damit zog er einen Stuhl an seinem Tisch zurück. Und sie setzte sich. Und in diesem Augenblick und keine Sekunde früher gab der Oberkellner der Kapelle ein Zeichen, und die Musiker intonierten eine neue Nummer.

Mr. Clark Brandon war offenbar ein Mann, der kriegte, was er wollte, ohne laut zu werden.

Nach einer Weile kam mein Club-Sandwich. Nicht gerade das Höchste der Gefühle, aber essbar. Ich aß es. Ich blieb noch eine halbe Stunde. Brandon und die Frau kamen klar. Beide waren still. Nach einer Weile tanzten sie. Dann ging ich, setzte mich draußen in den Wagen und rauchte. Falls sie mich gesehen hatte, ließ sie sich nichts anmerken. Mitchell hatte mich jedenfalls nicht gesehen. Er war zu schnell die Treppe hochgestürmt, zu wütend, um irgendwas zu sehen.

Gegen halb elf kam Brandon mit ihr heraus, und sie stiegen in das Cadillac-Cabrio mit zurückgeklapptem Verdeck. Ich folgte ihnen ganz offen, weil jeder, der nach Esmeralda rein wollte, denselben Weg wie sie nehmen musste. An der Casa del Poniente fuhr Brandon in die Tiefgarage.

Jetzt musste ich nur noch eins herausfinden. Ich parkte am Straßenrand und ging durchs Foyer zu den Haustelefonen.

»Miss Mayfield bitte. Betty Mayfield.«

»Einen Augenblick bitte« – kurze Pause – »Ah, sie ist gerade gekommen. Ich stell Sie durch, Sir.«

Eine zweite, deutlich längere Pause.

»Es tut mir leid, in Miss Mayfields Zimmer meldet sich niemand.«

Ich bedankte mich und legte auf. Ich verzog mich schnell für den Fall, dass Brandon und sie sich noch im Foyer zeigten.

Ich kehrte zu meiner Mietkalesche zurück und kurvte durch Canyon und Nebel zum Rancho Descansado. Das Bürohäuschen schien abgeschlossen und leer zu sein. Nur eine Lampe im Nebel draußen deutete auf die Nachtglocke hin. Ich tastete mich zu Nr. 12C vor, stellte den Wagen im Carport ab und gähnte mich ins Zimmer. Es war kalt und klamm und trostlos. Jemand hatte die gestreifte Tagesdecke und die dazu passenden Kissenbezüge abgezogen.

Ich zog mich aus, bettete meinen Lockenkopf aufs Kissen und schlief ein.

GUSTAVE FLAUBERT

Ihr Tänzer

Das Schloß, ein neuer Bau im italienischen Stil, mit zwei vorspringenden Flügeln und drei Freitreppen, lag am unteren Ende einer riesigen Wiese, auf der zwischen weit auseinanderstehenden Gruppen großer Bäume einige Kühe weideten; Sträucher, Rhododendren, Flieder und Schneebälle neigten ihre ungleiche Blätterfülle über die Windungen des Sandwegs. Ein Bach floß unter einer Brücke hindurch; im Dunst sah man da und dort die Strohdächer von Gebäuden, die über das Wiesland verstreut lagen. Dieses wurde von zwei sanft ansteigenden bewaldeten Höhen begrenzt, und im Hintergrund standen zwischen den Baumgruppen auf zwei parallelen Linien die Wirtschaftsgebäude und Stallungen, Überreste des alten, zerstörten Schlosses.

Der Wagen von Charles hielt vor der mittleren Freitreppe; die Diener erschienen; der Marquis kam ihnen entgegen, bot der Frau des Arztes seinen Arm und führte sie in den Vorraum.

Er war mit Marmorfliesen ausgelegt, sehr hoch, und das Geräusch der Schritte und der Klang der Stimmen widerhallte darin wie in einer Kirche. Dem Eingang gegenüber stieg eine gerade Treppe empor, und zur Linken führte eine Galerie, die auf den Garten hinausging, in das

Billardzimmer, aus dem man schon an der Türe die Elfen-
beinkugeln aufeinanderprallen hörte. Als Emma durch das
Billardzimmer schritt, um sich in den Salon zu begeben,
sah sie um den Tisch Herren mit wichtigen Mienen, das
Kinn auf steife Krawatten gestützt, alle mit einem Orden;
sie lächelten schweigend beim Spielen. Auf dem düstern
Holzgetäfel der Wände hingen große Gemälde in goldenen
Rahmen, auf denen unten in schwarzen Buchstaben Namen standen. Sie las: ›Jean-Antoine d'Andervilliers d'Yver-
bonville, Graf von Vaubyessard und Freiherr von Fresnaye,
gefallen in der Schlacht bei Coutras am 20. Oktober 1587‹.
Und auf einem anderen: ›Jean-Antoine-Henry-Guy d'Andervilliers von Vaubyessard, Admiral von Frankreich und
Ritter des Ordens vom Heiligen Michael, verwundet im
Kampf bei La Hougue-Saint-Vaast am 29. Mai 1692, ge-
storben zu Vaubyessard am 23. Januar 1693‹. Die anderen
konnte man kaum entziffern, weil das Licht der Lampen
nur auf das grüne Tuch des Billardtischs fiel und das Zimmer ringsum im Dunkeln ließ. Die Flächen der Gemälde
glänzten bräunlich, der schwache Lichtschein brach sich
darin in feine Gräten, wenn er auf die Sprünge des Firnis
traf; auf allen diesen großen dunklen Rechtecken, die in
Gold gefaßt waren, trat hier und da eine lichtere Stelle der
Malerei hervor, eine bleiche Stirn, zwei Augen, die einen
ansahen, Perücken, die über die puderbestäubten Schultern
roter Fräcke hinabwallten, oder die Schnalle eines Strumpf-
bandes über einer runden Wade.

Der Marquis öffnete die Tür des Salons; eine der Damen
(die Marquise selbst) erhob sich, ging Emma entgegen,
ließ sie neben sich auf einer Causeuse Platz nehmen und

begann in freundschaftlichem Ton ein Gespräch mit ihr, wie wenn sie alte Bekannte wären. Sie war eine Frau von ungefähr vierzig Jahren, mit schönen Schultern, einer Adlernase, einer schleppenden Stimme, und sie trug an diesem Abend auf ihren kastanienbraunen Haaren ein einfaches Spitzentuch, das hinten in Form eines Dreiecks herabhing. Neben ihr, auf einem Stuhl mit hoher Rückenlehne, saß ein junges blondes Mädchen; einige Herren, eine kleine Blume im Knopfloch ihres Fracks, unterhielten sich am Kamin mit den Damen.

Um sieben Uhr setzte man sich zu Tisch, die Herren, die in der Überzahl waren, nahmen an der ersten Tafel im Vorraum Platz, die Damen mit dem Marquis und der Marquise an der zweiten, im Speisesaal.

Als Emma eintrat, fühlte sie sich von einer lauen Luft umhüllt, einem Gemisch aus dem Duft der Blumen und der schönen Tischwäsche und aus dem Geruch von Fleisch und Trüffeln. Die Kerzen der Kandelaber warfen langgezogene Reflexe auf die silbernen Glocken; geschliffenes Kristall, matt beschlagen, schimmerte blaß; auf der ganzen Länge der Tafel standen Blumensträuße, und auf den breitrandigen Tellern lagen die Servietten wie Bischofsmützen gefaltet und trugen zwischen den beiden Falten ein ovales Brötchen. Die roten Scheren der Hummer ragten über den Rand der Platten hinaus; in Körben lagen schöne, große Früchte auf Moos; die Wachteln wurden im Federkleid aufgetragen, Düfte stiegen auf; und der Haushofmeister, in seidenen Strümpfen, Kniehosen, weißer Krawatte und gefälteltem Vorhemd, reichte würdevoll wie ein Richter die Schüsseln mit dem bereits geschnittenen Fleisch zwischen den Schultern der Gäste durch und schob jedem mit einer raschen Bewegung des Löffels das Stück zu, das er gewählt hatte. Auf dem großen Porzellanofen mit den kupfernen Zierleisten stand eine bis zum Kinn verhüllte Frauenfigur und sah unverwandt auf den vollen Saal herab.

Madame Bovary bemerkte, daß mehrere Damen ihre Handschuhe nicht in die Gläser gesteckt hatten.

Am oberen Ende der Tafel, ganz allein unter all diesen Damen, saß, über einen vollen Teller gebeugt, ein alter Mann, der die Serviette wie ein Kind umgebunden hatte und dem die Sauce vom Kinn tröpfelte. Er hatte gerötete Augen und trug einen kleinen, von einem schwarzen Band durchflochtenen Zopf. Es war der Schwiegervater des Marquis, der alte Herzog von Laverdière, der ehemalige Günstling des Grafen von Artois aus der Zeit der Jagdpartien in Vaudreuil, beim Marquis de Conflans, und, wie es hieß, zwischen den Herren de Coigny und de Lauzun, der Liebhaber von Königin Marie-Antoinette. Sein Leben war lärmig und ausschweifend gewesen, voller Duelle, Wetten und entführter Frauen; er hatte sein Vermögen verschleudert und seine Familie mit Schrecken erfüllt. Hinter seinem Stuhl stand ein Diener und rief ihm mit lauter Stimme die Namen der Gerichte ins Ohr, auf die er stotternd zeigte; und immer wieder kehrten die Augen Emmas zu diesem Greis mit den hängenden Lippen zurück, wie zu einem außergewöhnlichen und erhabenen Gegenstand. Er hatte am Hof gelebt und im Bett der Königin geschlafen!

Es wurde geeister Champagner herumgereicht. Emma rieselte ein Schauder über den ganzen Körper, als dieses eiskalte Getränk ihren Gaumen berührte. Sie hatte noch nie

Granatäpfel gesehen und nie Ananas gegessen. Selbst der Puderzucker erschien ihr weißer und feiner als anderswo.

Dann begaben sich die Damen in ihre Zimmer, um sich für den Ball umzukleiden.

Emma kleidete sich mit der peinlichen Gewissenhaftigkeit einer debütierenden Schauspielerin an. Sie ordnete ihr Haar nach den Ratschlägen des Friseurs und schlüpfte in ihr Barègekleid, das auf dem Bett ausgebreitet lag. Charles' Hose spannte ihm über dem Bauch.

»Die Stege werden mich beim Tanzen stören«, sagte er.

»Beim Tanzen?« erwiderte Emma.

»Ja!«

»Du bist nicht recht gescheit! Man wird sich über dich lustig machen, bleib nur ruhig auf deinem Platz. Übrigens schickt sich das besser für einen Arzt«, fügte sie hinzu.

Charles schwieg. Er durchmaß das Zimmer mit großen Schritten und wartete, bis Emma fertig war.

Er sah sie von hinten, im Spiegel, zwischen zwei Leuchtern. Ihre schwarzen Augen schienen dunkler als gewöhnlich. Ihr Haar, über den Ohren leicht gebauscht, leuchtete bläulich; in ihrem Haarknoten zitterte eine Rose mit künstlichen Wassertropfen an den Blattspitzen auf beweglichem Stengel. Ihr Kleid war von einem matten Safrangelb und mit drei künstlichen Sträußchen aus Rosen und Grün geschmückt.

Charles trat zu ihr und küßte sie auf die Schulter.

»Laß das«, sagte sie, »du zerknitterst mein Kleid.«

Man hörte eine Geige ein Ritornell spielen und die Klänge eines Horns. Als sie die Treppe hinunterstieg, mußte sie sich zusammennehmen, um nicht zu laufen.

Die Quadrillen hatten begonnen. Die Gäste strömten herbei. Man stieß einander. Sie setzte sich auf eine kleine Bank neben der Tür.

Als der Kontertanz beendet war, blieb das Parkett frei für die Herren, die in Gruppen plaudernd zusammenstanden, und für die livrierten Diener, die große Tabletts herumreichten. In der Reihe der sitzenden Damen bewegten sich die gemalten Fächer, die Blumensträuße verbargen halb das Lächeln der Gesichter, und die Fläschchen mit goldenen Verschlüssen drehten sich in den halbgeöffneten Händen; die weißen Handschuhe ließen die Form der Nägel sehen und umschlossen die Handgelenke fest. Die Spitzengarnituren, die Diamantbroschen, die Armbänder mit Medaillons knisterten an den Korsagen, funkelten auf den Busen und klirrten an den nackten Armen. Im Haar der Damen, das über der Stirn in eine Franse geschnitten und im Nakken zu Locken gedreht war, steckten Kränze, Trauben oder Zweige von Vergißmeinnicht, Jasmin, Granatblüten, Ähren oder Kornblumen. Mütter mit verkniffenen Gesichtern und roten Turbanen saßen ruhig auf ihren Plätzen.

Emmas Herz klopfte ein wenig, als ihr Tänzer sie an den Fingerspitzen haltend in die Reihen der Tanzenden führte und sie auf den ersten Bogenstrich wartete, um den Tanz zu beginnen. Aber bald ließ ihre Erregung nach; sie wiegte sich im Rhythmus des Orchesters und glitt mit leichten Bewegungen des Kopfes vorwärts. Bei manchen zarten Passagen der Sologeige, wenn die anderen Instrumente schwiegen, spielte ein Lächeln um ihre Lippen; man hörte aus dem Nebenzimmer den hellen Klang der Goldstücke, die auf das Tuch der Spieltische geworfen wurden; dann setzten die anderen Instrumente wieder ein, das Kornett schmetterte volltönend. Die Füße bewegten sich wieder im festen Takt, die Röcke bauschten sich und streiften einander, die Hände fanden und lösten sich, dieselben Augen, die sich eben vor einem gesenkt hatten, ruhten wieder auf einem.

Einige Herren, vielleicht fünfzehn an der Zahl, im Alter von fünfundzwanzig bis vierzig Jahren, die tanzten oder bei den Türen plauderten, fielen durch ihr familiäres Verhalten auf, das sie unabhängig von Alter, Kleidung oder Aussehen zeigten.

Ihre Fräcke, besser geschnitten, schienen aus weicherem Tuch, und ihre Haare, in Locken gegen die Schläfen gekämmt, schienen von feineren Pomaden zu glänzen. Sie hatten den Teint der reichen Leute, diesen weißen Teint, den das blasse Porzellan, das Schillern des Satins, der Firnis der schönen Möbel noch besonders hervorheben und den eine sorgfältige Auswahl erlesener Speisen so rein hält. Ihr Hals bewegte sich frei über bequemen Krawatten; ihre langen Backenbärte fielen auf Umlegekragen herab; sie wischten sich den Mund mit Taschentüchern, in die ein großes Monogramm gestickt war und die einen süßen Geruch ausströmten. Die Älteren sahen jugendlich aus, auf den Gesichtern der Jungen lag eine gewisse Reife. In ihren gleichgültigen Blicken lag die Ruhe täglich befriedigter Leidenschaften; und hinter ihren sanften Manieren lauerte jene besondere Brutalität, die von der Herrschaft über nicht schwer zu erlangende Dinge kommt, an denen die Kraft geübt und die Eitelkeit befriedigt wird, vom Umgang mit Rassepferden und mit leichtlebigen Frauen.

Drei Schritte von Emma plauderte ein Kavalier im

blauen Frack mit einer blassen jungen Frau, die einen Perlenschmuck trug, über Italien. Sie schwärmten von den mächtigen Strebepfeilern des Petersdoms, von Tivoli, vom Vesuv, von Castellammare und den Cascinen, von den genuesischen Rosen, dem Kolosseum bei Mondschein. Mit dem anderen Ohr hörte Emma eine wortreiche Unterhaltung, die sie nicht verstand. Man umringte einen ganz jungen Mann, der in der vorigen Woche *Miss Arabelle* und *Romulus* besiegt und damit, daß er in England über einen Graben sprang, zweitausend Louisdor gewonnen hatte. Einer beklagte sich darüber, daß seine Rennpferde Fett ansetzten, ein anderer über die Druckfehler, die den Namen seines Pferdes entstellt hatten.

Die Luft im Ballsaal wurde drückend; die Lampen leuchteten schwächer. Alles strömte nach dem Billardsaal. Ein Diener stieg auf einen Stuhl und schlug zwei Scheiben ein; als sie das Glas splittern hörte, wandte Madame Bovary den Kopf und erblickte draußen im Garten Bauern, die ihre Gesichter an die Fensterscheiben drückten. Da überfiel sie die Erinnerung an Les Bertaux. Sie sah den Hof vor sich, den schlammigen Tümpel, ihren Vater, wie er in seinem Kittel unter den Apfelbäumen stand, und sie sah sich selbst, wie sie in der Milchkammer mit dem Finger die Milch abrahmte. Aber im Glanz der gegenwärtigen Stunde verblaßte die bisher so klare Erinnerung an ihr früheres Leben ganz, und sie zweifelte beinahe daran, es je gelebt zu haben. Sie war da; und alles, was nicht dieser Ball war, lag im Dunkeln. Sie aß aus einer vergoldeten Muschel, die sie in der linken Hand hielt, Eis mit Maraschino, und schloß die Augen halb, den Löffel zwischen den Zähnen.

Neben ihr ließ eine Dame den Fächer fallen, ein Tänzer ging vorüber.

»Wären Sie so freundlich, Monsieur«, sagte die Dame, »meinen Fächer aufzuheben, der mir hinter das Sofa gefallen ist?«

Der Herr bückte sich, und als er seinen Arm ausstreckte, sah Emma, wie die Hand der jungen Frau etwas Weißes, dreieckig Gefaltetes in seinen Hut fallen ließ. Der Herr nahm den Fächer und reichte ihn respektvoll der Dame. Sie dankte mit einem leichten Neigen des Kopfes und roch dann an ihrem Bukett.

Nach dem Souper, bei dem es viel spanischen Wein und Rheinwein, Krebssuppe und Suppe mit Mandelmilch, Pudding à la Trafalgar und allerlei kalte Fleischspeisen mit zitterndem Gelee darum gegeben hatte, begannen die Wagen einer nach dem andern abzufahren. Wenn man eine Ecke des Musselinvorhangs am Fenster aufhob, sah man das Licht ihrer Laternen durch das Dunkel gleiten. Die Sitzbänke leerten sich; einige Spieler blieben noch; die Musikanten kühlten ihre Fingerspitzen mit der Zunge; Charles lehnte sich gegen eine Tür und war nahe am Einschlafen.

Um drei Uhr morgens begann der Kotillon. Emma konnte nicht Walzer tanzen. Alles tanzte, sogar Mademoiselle d'Andervilliers und die Marquise; es waren nur noch die Gäste da, die im Schloß blieben, etwa ein Dutzend.

Aber da forderte einer der Tänzer, den man ungezwungen nur *Vicomte* nannte und dem die weitausgeschnittene Weste wie angegossen saß, Madame Bovary zum zweiten Mal zum Tanz auf und versicherte ihr, daß er sie sicher führen und daß sie es gut machen werde.

Sie begannen langsam, dann tanzten sie rascher. Sie drehten sich: Alles drehte sich um sie wie auf einer Drehscheibe – die Lampen, die Möbel, die Täfelung, das Parkett. Als sie an den Türen vorbeikamen, verfing sich der Saum von Emmas Kleid an seiner Hose; ihre Beine berührten sich; er blickte auf sie hinab, sie hob ihre Augen zu ihm; ein plötzlicher Schwindel ergriff sie, sie blieb stehen. Dann tanzten sie weiter, und der Vicomte zog sie rascher mit sich fort und entführte sie bis ans Ende der Galerie, wo sie ganz atemlos, dem Umsinken nahe, einen Augenblick den Kopf gegen seine Brust lehnte. Darauf führte er sie, immer noch tanzend, aber diesmal langsamer, auf ihren Platz zurück. Sie lehnte sich gegen die Wand und bedeckte die Augen mit der Hand.

Als sie die Augen wieder aufschlug, sah sie mitten im Salon drei Tänzer vor einer Dame knien, die auf einem Taburett saß. Sie erkor den Vicomte, und die Geige setzte wieder ein.

Man sah zu, wie sie tanzten. Sie kamen und gingen, sie mit unbeweglichem Oberkörper und gesenktem Kinn, er immer in der gleichen Haltung, den Blick geradeaus gerichtet, mit hohlem Kreuz und gerundetem Arm. Die konnte Walzer tanzen! Die beiden tanzten lange und langweilten damit die anderen.

Man plauderte noch einige Minuten, und nachdem sie sich gute Nacht oder vielmehr guten Morgen gesagt hatten, gingen die Gäste des Marquis schlafen.

Charles zog sich am Treppengeländer hinauf, *er hatte sich die Beine in den Leib gestanden.* Fünf Stunden nacheinander hatte er vor den Spieltischen beim Whist zugesehen, ohne das Spiel zu verstehen. Er stieß einen Seufzer der Erleichterung aus, als er sich seiner Stiefel entledigte.

Emma nahm einen Schal um die Schultern, öffnete das Fenster und lehnte sich hinaus.

Die Nacht war schwarz. Vereinzelte Regentropfen fielen. Sie atmete die feuchte Luft ein, die ihre Augenlider kühlte. In ihren Ohren summte noch die Tanzmusik, und sie zwang sich, wach zu bleiben, um das Bild dieses glänzenden Lebens festzuhalten, das sie bald wieder verlassen mußte.

Der Morgen dämmerte. Sie betrachtete lange die Fenster des Schlosses und versuchte zu erraten, in welchen Zimmern all die Leute schliefen, die sie am Abend gesehen hatte. Sie hätte ihr Leben kennen, darin eindringen, darin aufgehen mögen.

Aber sie begann vor Kälte zu zittern. Sie zog sich aus und kuschelte sich zwischen die Leintücher, eng an Charles geschmiegt, der bereits schlief.

Zum Frühstück kamen viele Gäste. Es dauerte zehn Minuten; es wurde kein Likör angeboten, was den Arzt sehr verwunderte. Dann sammelte Mademoiselle d'Andervilliers die Brotreste in einem Korb, um sie den Schwänen im Schloßteich zu bringen, und man begab sich zum Gewächshaus, wo bizarre, mit Haaren besetzte Pflanzen in Pyramiden aufgestellt waren, unter hängenden Vasen, aus denen wie aus übervollen Schlangennestern lange grüne Ranken verschlungen herabhingen. Die Orangerie am Ende des Gewächshauses führte zu den Wirtschaftsgebäuden. Der Marquis zeigte der jungen Frau die Ställe. Über den korbartigen Raufen standen in schwarzen Buchstaben auf Porzellanschildern die Namen der Pferde. Die

Tiere wurden unruhig in ihren Boxen, wenn man an ihnen vorüberging und mit der Zunge schnalzte. Der Fußboden der Geschirrkammer glänzte wie das Parkett eines Salons. An zwei drehbaren Säulen in der Mitte des Raums hingen die Wagengeschirre und der ganzen Wand entlang in einer Reihe die Gebisse, Peitschen, Steigbügel und Kinnketten.

Charles ging und ließ seinen Wagen anspannen. Er wurde vor die Freitreppe gefahren, und als alle Gepäckstücke verstaut waren, verabschiedete sich das Ehepaar Bovary von dem Marquis und der Marquise und kehrte nach Tostes zurück.

Emma sah schweigend zu, wie sich die Räder drehten. Charles saß ganz auf der Kante des Sitzes und lenkte den Wagen mit gespreizten Armen. Das kleine Pferd trottete im Paßgang in den zu weiten Deichseln dahin. Die lockeren Zügel klatschten ihm auf die Kruppe und wurden naß von Schweiß; der hinten auf dem Wagen festgebundene Koffer schlug regelmäßig gegen den Wagenkasten.

Auf den Anhöhen von Tibourville kreuzten plötzlich Reiter ihren Weg, lachend und mit Zigarren im Mund. Emma glaubte den Vicomte zu erkennen; sie drehte sich um, sah aber nur noch die Köpfe am Horizont, die sich im ungleichen Rhythmus von Trab oder Galopp auf und ab bewegten.

Eine Viertelmeile weiter mußten sie halten, um den Riemen zwischen Hintergeschirr und Deichsel, der gerissen war, mit Schnur zu flicken.

Als Charles das Geschirr mit einem letzten Blick prüfte, sah er zwischen den Beinen seines Pferdes etwas auf dem Boden liegen; es war eine Zigarrentasche, ganz in grüne

Seide geschlagen, mit einem Wappen in der Mitte wie auf einem Kutschenschlag.

»Es sind sogar zwei Zigarren darin«, sagte er, »die sind für heute abend nach Tisch.«

»Rauchst du denn?« fragte sie.

»Manchmal, wenn sich die Gelegenheit bietet.«

Er steckte seinen Fund in die Tasche und versetzte dem Klepper einen Peitschenhieb.

Als sie nach Hause kamen, war das Essen noch nicht fertig. Madame Bovary wurde heftig. Nastasie gab eine freche Antwort.

»Hinaus mit Ihnen«, sagte Emma. »Sie machen sich über mich lustig. Sie sind entlassen.«

Es gab Zwiebelsuppe und ein Stück Kalbfleisch mit Sauerampfer. Charles, der Emma gegenüber saß, rieb sich die Hände und sagte mit zufriedenem Ausdruck:

»Es ist schön, wieder zu Hause zu sein.«

Man hörte Nastasie weinen. Charles mochte die arme Frau. Sie hatte ihm früher, in den trostlosen Stunden seiner Witwerschaft, manchen Abend Gesellschaft geleistet. Sie war seine erste Patientin gewesen, seine erste Bekannte in dieser Gegend.

»Hast du sie im Ernst entlassen?« fragte er endlich.

»Ja! Wer hindert mich daran?« antwortete sie.

Dann gingen sie in die Küche, um sich zu wärmen, während ihr Zimmer zurechtgemacht wurde. Charles steckte eine Zigarre an. Er stülpte beim Rauchen die Lippen vor, spuckte jeden Augenblick aus und lehnte sich bei jedem Zug zurück.

»Das wird dir schlecht bekommen«, sagte sie verächtlich.

Er legte die Zigarre fort und lief an die Pumpe, um ein Glas kaltes Wasser hinunterzustürzen. Emma nahm die Zigarrentasche und warf sie rasch in den Schrank.

Der folgende Tag war endlos lang. Sie ging im Garten spazieren, immer dieselben Wege auf und ab, blieb vor den Beeten stehen, vor dem Spalier und vor dem gipsernen Pfarrer und betrachtete verwundert all diese Dinge aus ihrem früheren Leben, die sie so gut kannte. Wie weit lag der Ball schon zurück! Was trennte nur den Morgen von vorgestern so einschneidend vom Abend von heute? Ihre Reise nach Vaubyessard hatte in ihrem Leben einen Riß hinterlassen, wie ein Gewitter in den Bergen manchmal in einer einzigen Nacht tiefe Gräben aufreißt. Doch sie schickte sich in ihre Lage: Sie verwahrte pietätvoll ihr schönes Kleid im Schrank und sogar die seidenen Schuhe, deren Sohlen von dem glatten Wachs des Parkettbodens gelb geworden waren. Ihr Herz glich ihnen: bei der Berührung mit dem Reichtum war etwas daran haften geblieben, das nicht mehr zu entfernen war.

Die Erinnerung an den Ball wurde also für Emma eine Beschäftigung. An jedem Mittwoch wachte sie mit dem Gedanken auf: ›Ach! Nun sind es acht Tage her … nun vierzehn … vor drei Wochen war ich dort!‹ Nach und nach verwischten sich in ihrem Gedächtnis die Gesichtszüge der Gäste; sie vergaß die Melodien der Kontertänze; sie sah die Livreen und die Gemächer nur noch undeutlich vor sich; einige Einzelheiten verschwanden ganz, aber die Sehnsucht blieb.

ALICE MUNRO

Rotes Kleid – 1946

Meine Mutter nähte mir ein Kleid. Den ganzen November über fand ich sie, wenn ich von der Schule nach Hause kam, in der Küche vor, umgeben von zerschnittenem rotem Samt und Schnittmusterteilen aus Seidenpapier. Sie arbeitete an einer alten Tretnähmaschine, die sie ans Fenster gerückt hatte, um genug Licht zu haben, aber auch, damit sie hinausschauen konnte, über die Stoppelfelder und den kahlen Gemüsegarten hinweg, um zu sehen, wer auf der Straße vorbeikam. Selten kam jemand vorbei.

Der rote Samt ließ sich nur schwer verarbeiten, er verzog sich, und die Machart, die meine Mutter sich ausgesucht hatte, war auch nicht einfach. Sie konnte eigentlich nicht gut schneidern. Sie nähte gerne Sachen; das ist etwas anderes. Sie hielt sich ungern mit dem Heften und Bügeln auf und legte auch keinen großen Wert auf die Feinheiten der umstickten Knopflöcher und überwendlich genähten Säume, wie es zum Beispiel meine Tante und meine Großmutter taten. Anders als sie begann sie mit einem Einfall, einer wagemutigen und glänzenden Idee; von da an ließ ihre Begeisterung nach. Es fing damit an, dass sie kein passendes Schnittmuster fand. Was kein Wunder war; es gab keine passenden Schnittmuster für die Ideen, die in ihrem Kopf erblühten. So hatte sie mir, als ich klein war, ein geblümtes

Organdykleid gemacht, dessen hoher viktorianischer Ausschnitt mit kratzender Spitze eingefasst war, dazu einen passenden Kiepenhut; einen Schottenrock mit einer Samtjacke und einer Schottenmütze; eine bestickte Bauernbluse, zu der ein weiter roter Rock und ein schwarzes Spitzenmieder gehörten. Ich hatte diese Sachen gehorsam und sogar gerne getragen, zu der Zeit, als ich noch nichts von der Meinung der Welt wusste. Inzwischen war ich klüger und wünschte mir Kleider, wie meine Freundin Lonnie sie hatte, bei Beale's gekauft.

Ich musste das Kleid anprobieren. Manchmal kam Lonnie nach der Schule mit zu mir nach Hause, saß auf dem Sofa und sah zu. Mir war peinlich, wie meine Mutter um mich herumkroch, mit knackenden Knien und schwerem Atem. Sie sprach halblaut mit sich selbst. Zuhause trug sie kein Korsett und auch keine langen Strümpfe, sondern Schuhe mit Keilabsätzen und Söckchen; auf ihren Beinen zeichneten sich Klumpen blaugrüner Venen ab. Ich fand es schamlos, wie sie dahockte, sogar unanständig; ich versuchte, mich mit Lonnie zu unterhalten, um deren Aufmerksamkeit so weit wie möglich von meiner Mutter abzulenken. Lonnie trug die beherrschte, höfliche und respektvolle Miene zur Schau, die ihre Tarnung in Gegenwart Erwachsener war. Sie lachte über sie und ahmte sie böse nach, ohne dass sie es ahnten.

Meine Mutter zog an mir herum und pikte mich mit Stecknadeln. Sie befahl mir, mich umzudrehen, ein Stück zu gehen, still zu stehen. »Wie findest du es, Lonnie?«, fragte sie um die Stecknadeln in ihrem Mund herum.

»Es ist schön«, sagte Lonnie in ihrer sanften, aufrichtigen Art. Lonnies eigene Mutter war tot. Sie lebte bei ihrem Vater, der nie von ihr Notiz nahm, und das machte sie in meinen Augen sowohl verletzlich als auch privilegiert.

»Es wird schön sein, wenn ich je hinkriege, dass es passt«, sagte meine Mutter. »Aber ach«, sagte sie theatralisch, »ich bezweifle, ob sie es zu schätzen weiß.« Es machte mich wütend, wenn sie so mit Lonnie redete, als sei Lonnie erwachsen und ich immer noch ein Kind. »Steh still«, sagte sie und zog mir das zusammengesteckte und -geheftete Kleid über den Kopf. Mein Kopf war in Samt gemummelt, mein Körper bloßgestellt in einem alten baumwollenen Schulunterrock. Ich fühlte mich wie ein großer, roher Klumpen, plump und voller Gänsehaut. Ich wünschte, ich wäre wie Lonnie, zierlich, blass und dünn; sie war mit einem Herzfehler geboren worden.

»Mir hat jedenfalls niemand ein Kleid gemacht, als ich auf die Highschool kam«, sagte meine Mutter. »Ich habe mir selbst eins gemacht, oder es gab keins.« Ich hatte Angst, sie würde wieder mit der Geschichte anfangen, wie sie sieben Meilen weit in die Stadt gelaufen war und sich Arbeit als Bedienung in einer Pension gesucht hatte, damit sie auf die Highschool gehen konnte. All die Geschichten aus dem Leben meiner Mutter, die mich früher interessiert hatten, kamen mir inzwischen melodramatisch, belanglos und nervtötend vor.

»Einmal habe ich ein Kleid geschenkt bekommen«, sagte sie. »Es war aus cremefarbener Kaschmirwolle mit königsblauen Biesen vorn und hübschen Perlmuttknöpfen, ich weiß gar nicht, wo das abgeblieben ist.«

Als ich freikam, ging ich mit Lonnie nach oben in mein

Zimmer. Es war kalt, aber wir blieben oben. Wir redeten über die Jungs in unserer Klasse, gingen sie der Reihe nach durch und fragten: »Magst du ihn? Magst du ihn ein bisschen? Hasst du ihn? Würdest du mit ihm ausgehen, wenn er dich fragte?« Niemand hatte uns gefragt. Wir waren dreizehn und gingen seit zwei Monaten auf die Highschool. Wir beantworteten Fragebögen in Illustrierten, um herauszufinden, ob wir Persönlichkeit besaßen und ob wir beliebt sein würden. Wir lasen Artikel darüber, wie wir uns das Gesicht schminken sollten, um unsere Vorteile zu betonen, wie wir beim ersten Rendezvous eine Unterhaltung führen sollten und was zu tun war, wenn ein Junge versuchte, zu weit zu gehen. Außerdem lasen wir Artikel über die Frigidität im Klimakterium, über Abtreibung und warum verheiratete Männer Befriedigung außerhalb der Ehe suchten. Wenn wir keine Schularbeiten machten, waren wir meistens damit beschäftigt, an sexuelle Informationen zu gelangen, sie weiterzugeben und zu diskutieren. Wir hatten einen Pakt geschlossen, einander alles zu erzählen. Aber eines erzählte ich nicht, nämlich das von dem Ball, dem Weihnachtsball der Highschool, für den meine Mutter mir das Kleid nähte. Weil ich nämlich nicht hingehen wollte.

In der Highschool fühlte ich mich nie auch nur eine Minute lang wohl. Ich wusste nicht, wie es Lonnie ging. Vor einer Prüfung bekam sie zwar eiskalte Hände und Herzklopfen, aber ich war ständig der Verzweiflung nahe. Wenn mir im Unterricht eine Frage gestellt wurde, auch nur die einfachste kleine Frage, neigte meine Stimme dazu, piepsig herauszukommen oder aber heiser und zittrig. Wenn ich an die Tafel musste, war ich überzeugt – sogar zu einer Zeit im Monat, wo das gar nicht sein konnte –, dass ich Blutflecke im Rock hatte. Meine Hände wurden glitschig von Schweiß, wenn sie den großen Zirkel bedienen sollten. Beim Volleyball gelang es mir nicht, den Ball zu treffen; sobald ich vor anderen etwas vollbringen musste, setzten meine sämtlichen Reflexe aus. Ich hasste Handelskunde, weil man Seiten für ein Geschäftsbuch mit geraden Strichen linieren musste, und wenn mir die Lehrerin über die Schulter schaute, wellten sich die dünnen Linien und gerieten ineinander. Ich hasste Chemie und Physik; wir thronten auf hohen Hockern unter grellen Lampen an Tischen mit fremdartigen, zerbrechlichen Apparaturen und wurden vom Rektor der Schule unterrichtet, einem Mann mit kalter, selbstgefälliger Stimme – er las jeden Morgen aus der Bibel vor – und großem Talent, Demütigungen zuzufügen. Ich hasste Englisch, weil die Jungs im hinteren Teil des Klassenzimmers Bingo spielten, während die Lehrerin, eine dickliche, sanfte, leicht schielende junge Frau, vorne Wordsworth vorlas. Sie drohte ihnen, sie flehte sie an, mit rotem Gesicht und einer Stimme, so unzuverlässig wie meine. Die Jungs entschuldigten sich mit grotesker Übertreibung, und sobald sie weiter vorlas, nahmen sie verzückte Posen ein, zogen ekstatische Grimassen, schielten und pressten die Hände ans Herz. Manchmal brach sie in Tränen aus, es ging nicht anders, sie musste hinauslaufen in den Korridor. Dann stießen die Jungs ein lautes Muhen aus; unser gefräßiges Gelächter – oh, auch das meine – verfolgte sie. Bei solchen Gelegenheiten herrschte im Klassenzimmer eine brutale Karnevalsstimmung, die Schwachen und Gefährdeten wie mir Angst machte.

Aber was eigentlich in der Schule stattfand, das war nicht Handelskunde, nicht Physik oder Chemie oder Englisch, sondern etwas anderes, das dem Leben das Stürmische und Leuchtende gab. Dieses alte Gemäuer mit seinen feucht-kalten Kellern und dunklen Umkleideräumen, mit seinen Bildern von toten Königen und verschollenen Entdeckern, war erfüllt von der Spannung und Erregung sexueller Wett-kämpfe, und trotz meiner Tagträume von umwerfenden Erfolgen plagten mich Vorahnungen einer katastrophalen Niederlage. Es musste etwas passieren, damit mir dieser Ball erspart blieb.

Mit dem Dezember kam der Schnee, und ich hatte eine Idee. Bislang war mir nur der Gedanke gekommen, vom Fahrrad zu fallen und mir den Fuß zu verstauchen, und ich hatte versucht, das fertigzubringen, wenn ich auf den hart gefrorenen, tief zerfurchten, ungepflasterten Wegen nach Hause fuhr. Aber es war zu schwierig. Mein Hals und meine Bronchien jedoch waren angeblich schwach; warum sie nicht preissetzen? Ich fing damit an, nachts aufzuste-hen und das Fenster einen Spalt weit zu öffnen. Ich kniete mich hin und ließ mir den Wind, der manchmal stechenden Schnee mit sich trug, um den bloßen Hals wehen. Ich zog die Jacke vom Schlafanzug aus. Ich sprach zu mir selbst die Worte »blau gefroren«, während ich mit geschlossenen Augen kniete, ich malte mir aus, wie meine Brust und mein Hals blau wurden, die Adern unter der Haut kalt und grau-blau. Ich verharrte so, bis ich es nicht mehr aushielt, dann holte ich mir eine Handvoll Schnee vom Fensterbrett und verteilte ihn auf der Brust, bevor ich die Jacke wieder anzog und zuknöpfte. Der Schnee würde im Flanell schmelzen, und ich würde in nassen Sachen schlafen, was als das Allerschlimmste galt. Sowie ich morgens aufwachte, räusperte ich mich auf der Suche nach Heiserkeit, hustete versuchsweise und tastete meine Stirn nach Fieber ab. Nichts da. An jedem Morgen, auch an dem Tag des Balls, stand ich geschlagen auf, vollkommen gesund.

Am Tag des Balls wickelte ich meine Haare am Lockenwickler. Das hatte ich noch nie getan, denn meine Haare waren von Natur aus lockig, aber an dem Tag brauchte ich den Schutz aller möglichen weiblichen Rituale. Ich lag auf dem Sofa in der Küche, las *Die letzten Tage von Pompeji* und wünschte, ich wäre dort. Meine ewig unzufriedene Mutter nähte einen weißen Spitzenkragen an das Kleid; sie war zu dem Schluss gekommen, dass es zu erwachsen aussah. Ich zählte die Stunden. Es war einer der kürzesten Tage des Jahres. Über dem Sofa klebten auf der Tapete alte Käsekästchenspiele, alte Zeichnungen und Kritzeleien, die mein Bruder und ich gemacht hatten, als wir mit Bronchitis im Bett lagen. Ich betrachtete sie und sehnte mich zurück hinter die sicheren Grenzen der Kindheit.

Als ich die Lockenwickler herausnahm, explodierten meine sowohl natürlich gelockten als auch künstlich angeregten Haare zu einem üppigen, glänzenden Busch. Ich machte sie nass, kämmte sie, traktierte sie mit der Bürste und zog sie entlang der Wangen herunter. Ich legte Puder auf, der sich kalkig von meinem erhitzten Gesicht abhob. Meine Mutter holte ihr Rosenwasser, das sie nie benutzte, und ich spritzte es mir auf die Arme. Dann zog sie den Reißverschluss des Kleides zu und drehte mich um zum Spiegel. Das Kleid war im Prinzessstil, mit sehr engem Oberteil. Ich sah, dass meine Brüste in dem neuen steifen Büstenhalter unter den kindlichen Rüschen des Kragens überraschend und mit reifer Würde aufragten.

»Ich wünschte, ich könnte ein Foto von dir machen«, sagte meine Mutter. »Ich bin wirklich stolz darauf, wie gut es sitzt. Und du könntest dich dafür bedanken.«

»Danke«, sagte ich.

Das Erste, was Lonnie sagte, als ich ihr die Tür aufmachte, war: »Herrschaft, was hast du mit deinen Haaren angestellt?«

»Ich habe sie aufgedreht.«

»Du siehst aus wie ein Zulu. Aber keine Sorge. Gib mir einen Kamm, und ich mache dir eine Stirnrolle. Das wird ordentlich aussehen. Es wird dich sogar älter machen.«

Ich setzte mich vor den Spiegel, Lonnie stand hinter mir und frisierte mich. Meine Mutter schien uns nicht verlassen zu können. Ich wünschte, sie würde gehen. Sie sah zu, wie die Rolle Gestalt annahm, und sagte: »Du bist ein Wunder, Lonnie. Du solltest Friseuse werden.«

»Gute Idee«, sagte Lonnie. Sie trug ein blassblaues Kreppkleid mit Rockschößen und einer Schleife; es war viel erwachsener als meins, sogar ohne den Spitzenkragen. Ihre Haare waren so glatt wie die von dem Mädchen auf der Haarklammerkarte. Insgeheim hatte ich immer gedacht, dass Lonnie nicht hübsch sein konnte, weil sie schiefe Zähne hatte, aber jetzt sah ich, schiefe Zähne hin oder her, neben ihrem eleganten Kleid und ihren glatten Haaren wirkte ich ein wenig wie eine in roten Samt gestopfte Golliwog-Puppe, mit weit aufgerissenen Augen, wilden Haaren und einem Anflug von Delirium.

Meine Mutter folgte uns zur Tür und rief ins Dunkel hinaus: »Au reservoir!« Das war ein traditioneller Abschiedsgruß von Lonnie und mir; aus ihrem Munde klang er töricht und trostlos, und ich war deswegen so wütend auf sie, dass ich nicht antwortete. Nur Lonnie rief fröhlich und aufmunternd zurück: »Gute Nacht!«

Die Turnhalle roch nach Tannen und Zedern. Rote und grüne Glocken aus Kreppapier hingen an den Basketballkörben; die hohen, vergitterten Fenster waren von grünen Zweigen verdeckt. Alle aus den höheren Klassen schienen paarweise gekommen zu sein. Einige der Mädchen aus der zwölften und dreizehnten Klasse hatten Freunde mitgebracht, die ihren Schulabschluss schon gemacht hatten und junge Geschäftsleute in der Stadt waren. Diese jungen Männer rauchten in der Turnhalle, niemand konnte es ihnen verbieten, sie waren frei. Die Mädchen standen neben ihnen, ihre Hände ruhten lässig auf männlichen Ärmeln, ihre Gesichter waren gelangweilt, unzugänglich und schön. Ich sehnte mich danach, so zu sein. Sie benahmen sich, als seien nur sie – die Älteren – wirklich auf dem Ball, als seien wir Übrigen, zwischen denen sie sich bewegten und an denen sie vorbeisahen, wenn nicht unsichtbar, so doch leblos; als der erste Tanz angekündigt wurde – ein Paul Jones mit Partnerwechsel –, schlenderten sie auf die Tanzfläche und lächelten einander zu, als seien sie aufgefordert worden, an einem halb vergessenen Kinderspiel teilzunehmen. Uns bei den Händen haltend, fröstelnd zusammengeschart, folgten Lonnie und ich und die übrigen Mädchen aus der neunten Klasse.

Ich wagte nicht, zum äußeren Kreis zu schauen, während er an mir vorüberzog, aus Angst, unmanierliches Vorbeihasten zu sehen. Als die Musik aussetzte, blieb ich stehen, hob halb den Blick und sah einen Jungen namens Mason Williams widerwillig auf mich zukommen. Kaum meine Taille und meine Hand berührend, begann er mit mir zu tanzen. Meine Beine waren hohl, mein Arm zitterte von der Schulter abwärts, und ich hätte kein Wort herausgebracht. Dieser Mason Williams war einer der Helden der Schule; er spielte Basketball und Hockey und durchschritt die Korridore mit einer Miene königlicher Verdrossenheit und grausamer Verachtung. Mit einem solchen Niemand wie mir tanzen zu müssen war für ihn ebenso beleidigend, wie Shakespeare auswendig lernen zu müssen. Ich spürte das genauso deutlich wie er und nahm an, dass er mit seinen Freunden angewiderte Blicke tauschte. Er steuerte mich stolpernd zum Rand der Tanzfläche. Er nahm die Hand von meiner Taille und ließ meinen Arm fallen.

»Bis dann«, sagte er und ging weg.

Ich brauchte ein oder zwei Minuten, um zu begreifen, was geschehen war und dass er nicht zurückkommen würde. Ich ging und stand allein an der Wand. Die Turnlehrerin, die schwungvoll in den Armen eines Jungen aus der zehnten Klasse vorbeitanzte, warf mir einen forschenden Blick zu. Sie war die einzige Lehrerin in der Schule, die den Ausdruck »sozialer Ausgleich« benutzte, und ich hatte Angst, dass sie, falls sie es mitbekommen hatte oder davon erfuhr, einen grauenhaften öffentlichen Versuch unternehmen könnte, Mason zu zwingen, den Tanz mit mir zu beenden. Ich selbst war weder wütend auf ihn noch von ihm enttäuscht; ich akzeptierte seine wie auch meine Stellung in der Welt der Schule, und ich sah ein, er hatte das einzig Realistische getan. Er war ein geborener Held, nicht wie die Klassensprecher, denen nach der Schule eine große Karriere winkte; einer von denen hätte höflich und herablassend mit mir getanzt, ohne dass es mir danach bessergegangen wäre. Trotzdem hoffte ich, dass so gut wie niemand es gesehen hatte. Ich hasste es, unangenehm aufzufallen. Ich kaute auf meinem Daumennagel herum.

Als die Musik aufhörte, gesellte ich mich zu den Mädchen am Ende der Turnhalle. Tu so, als sei nichts passiert, sagte ich zu mir. Tu so, als fange es jetzt erst an.

Die Kapelle begann wieder zu spielen. In die dichte Menge an unserem Ende der Tanzfläche geriet Bewegung, sie dünnte rasch aus. Jungen kamen herüber, forderten Mädchen auf. Lonnie ging tanzen. Das Mädchen auf meiner anderen Seite ging tanzen. Niemand forderte mich auf. Ich erinnerte mich an einen Illustriertenartikel, den Lonnie und ich gelesen hatten, in dem es hieß: *Sei fröhlich! Die Jungen sollen den Glanz in deinen Augen sehen, das Gelächter in deiner Stimme hören! Einfach und einleuchtend, aber wie viele Mädchen vergessen es!* Was stimmte, ich hatte es vergessen.

Meine Augenbrauen waren vor lauter Spannung zusammengezogen, ich sah bestimmt verängstigt und hässlich aus. Ich holte tief Luft und versuchte, mein Gesicht loszulassen. Ich lächelte. Aber es kam mir absurd vor, ins Leere zu lächeln. Ich sah, dass Mädchen auf der Tanzfläche, beliebte Mädchen, nicht lächelten; viele von ihnen hatten müde, mürrische Gesichter und lächelten überhaupt nicht.

Mädchen gingen immer noch auf die Tanzfläche hinaus. Einige gingen, die Hoffnung aufgebend, miteinander. Aber die meisten gingen mit Jungen. Dicke Mädchen, Mädchen mit Pickeln, ein armes Mädchen, das kein gutes Kleid besaß und in Rock und Pullover auf den Ball gekommen war; sie alle wurden aufgefordert, sie alle tanzten. Warum die und ich nicht? Warum alle anderen und ich nicht? Ich habe ein rotes Samtkleid, ich habe mir die Haare aufgedreht, ein Deodorant benutzt und Parfüm aufgelegt. *Bete,* dachte ich. Ich konnte schlecht die Augen schließen, aber ich sagte im Geiste immer wieder *Bitte ich, bitte!* und verklammerte hinter dem Rücken die Finger, ein Mittel, das stärker wirkte als Daumendrücken und das Lonnie und ich auch benutzten, um in Mathe nicht an die Tafel gerufen zu werden.

Es funktionierte nicht. Das, wovor ich Angst gehabt hatte, trat ein. Ich wurde links liegengelassen. Ich hatte etwas Geheimnisvolles an mir, etwas, das sich nicht abstellen ließ wie Mundgeruch oder übersehen ließ wie Pickel, und alle wussten es, und ich wusste es auch; ich hatte es die ganze Zeit über gewusst. Aber ich hatte es nicht mit Sicherheit gewusst, ich hatte gehofft, mich zu irren. Gewissheit stieg in mir auf wie Übelkeit. Ich hastete an ein oder zwei Mädchen vorbei, die auch herumstanden, und ging zur Damentoilette. Ich versteckte mich in einer der Kabinen.

Und da blieb ich. Zwischen den Tänzen kamen Mädchen herein und gingen rasch wieder. Es gab viele Kabinen; niemandem fiel auf, dass meine nicht nur vorübergehend besetzt war. Während der Tänze lauschte ich der Musik, die ich mochte, an der ich aber nicht mehr teilhatte. Denn ich war entschlossen, es nicht mehr zu versuchen. Ich wollte mich nur noch da drin verstecken, mich hinausschleichen, ohne dass jemand mich sah, und dann ab nach Hause.

Einmal blieb nach dem Einsatz der Musik eine da. Sie ließ lange das Wasser laufen, wusch sich die Hände, kämmte sich. Sie musste es merkwürdig finden, dass ich so lange da drin blieb. Besser, ich ging hinaus und wusch mir die Hände, vielleicht ging sie währenddessen.

Es war Mary Fortune. Ich kannte sie mit Namen, denn sie stand immer auf der Liste der besten Sportlerinnen sowie auf der Liste der besten Schülerinnen, und sie organisierte vieles. Sie hatte etwas mit der Organisation des Balls zu tun gehabt; sie war in alle Klassenzimmer gekommen und hatte nach Freiwilligen für die Ausschmückung gefragt. Sie ging in die elfte oder zwölfte Klasse.

»Schön kühl hier drin«, sagte sie. »Ich bin hergekommen, um mich abzukühlen. Mir wird immer so heiß.«

Sie kämmte sich immer noch, als ich mit meinen Händen fertig war. »Gefällt dir die Band?«, fragte sie.

»Doch, ja.« Ich wusste nicht, was ich sagen sollte. Sie hatte mich überrascht, ein älteres Mädchen, das sich Zeit nahm, um mit mir zu reden.

»Mir nicht. Ich kann sie nicht ausstehen. Ich kann nicht tanzen, wenn mir die Band nicht gefällt. Hör bloß mal. Die hacken doch nur. Da tanze ich lieber gar nicht.«

Ich kämmte mich. Sie lehnte sich an ein Waschbecken und sah mir zu.

»Ich will nicht tanzen, ich will auch nicht unbedingt hier drinbleiben. Los, wir gehen und rauchen eine Zigarette.«

»Wo?«

»Komm, ich zeig's dir.«

Am Ende der Toilette befand sich eine Tür. Sie war nicht abgeschlossen und führte in eine dunkle Kammer voller Mopps und Eimer. Ich musste die Tür aufhalten, damit das Toilettenlicht hereinfiel, bis sie den Knauf einer weiteren Tür gefunden hatte. Diese Tür führte ins Dunkel.

»Ich kann kein Licht machen, sonst sieht uns jemand«, sagte sie. »Das ist der Raum des Hausmeisters.« Ich dachte, Sportler schienen immer mehr als wir Übrigen über das Schulgebäude zu wissen; sie wussten, wo Sachen aufbewahrt wurden, und sie kamen immer mit kühner, gedankenverlorener Miene aus verbotenen Türen. »Geh vorsichtig«, sagte sie. »Drüben am anderen Ende ist eine Treppe. Sie führt zu einer Kammer im ersten Stock. Die Tür oben ist abgeschlossen, aber es gibt eine Art Trennwand zwischen der Treppe und dem Raum. Also wenn wir uns auf die Stufen setzen und jemand kommt zufällig rein, dann sieht er uns nicht.«

»Würde er nicht den Rauch riechen?«, fragte ich.

»Ach was. Leben wir gefährlich!«

Über der Treppe war ein hohes Fenster, das ein wenig Licht spendete. Mary Fortune hatte Zigaretten und Streichhölzer in ihrer Handtasche. Ich hatte bislang nur die Zigaretten geraucht, die Lonnie und ich uns selbst gedreht hatten, mit Blättchen und Tabak, gemopst von ihrem Vater; sie gingen immer in der Mitte auf. Diese waren wesentlich besser.

»Der einzige Grund, warum ich heute Abend überhaupt gekommen bin«, sagte Mary Fortune, »ist, weil ich für die

Dekoration verantwortlich bin und sehen wollte, wie sie sich macht, wenn erst mal alle da sind und so. Warum denn sonst? Ich bin nicht verrückt nach Jungs.«

Im Licht des hohen Fensters sah ich ihr schmales, verächtliches Gesicht, ihre dunkle, von Akne narbige Haut, ihre dichten, ein wenig vorstehenden Vorderzähne, die sie erwachsen und herrisch aussehen ließen.

»Die meisten Mädchen sind es. Ist dir das noch nicht aufgefallen? Die allergrößte Ansammlung von Mädchen, die verrückt nach Jungs sind, befindet sich genau in dieser Schule.«

Ich war dankbar für ihre Aufmerksamkeit, ihre Gesellschaft und ihre Zigarette. Das sagte ich ihr auch.

»Heute Nachmittag zum Beispiel. Heute Nachmittag hab ich versucht, sie dazu zu bringen, die Glocken und den Kram aufzuhängen. Sie steigen nur auf die Leitern und machen mit Jungs rum. Denen ist egal, ob die Dekoration je fertig wird. Die ist nur ein Vorwand. Mit Jungs rummachen, das ist ihr einziges Lebensziel. Für mich sind das dumme Puten.«

Wir redeten über die Lehrer und die Schule. Sie sagte, sie wollte Sportlehrerin werden und musste dafür aufs College, aber ihre Eltern hatten nicht genug Geld. Sie sagte, sie plante, das Geld für das Studium selbst zu verdienen, sie wollte ohnehin unabhängig sein, sie würde in der Cafeteria arbeiten und im Sommer auf dem Land, zum Beispiel als Tabakpflückerin. Während ich ihr zuhörte, merkte ich, dass die akute Phase meines Unglücks vorbeiging. Hier war eine, die dieselbe Niederlage wie ich erlitten hatte – das sah ich –, aber sie war voller Energie und Selbstachtung. Sie

230

dachte daran, andere Dinge zu tun. Sie würde Tabak pflücken.

Wir blieben da, redeten und rauchten in der langen Musikpause, während die anderen draußen Doughnuts aßen und Kaffee tranken. Als die Musik wieder einsetzte, sagte Mary: »Hör mal, müssen wir uns noch weiter hier rumdrücken? Komm, wir holen unsere Mäntel und gehen. Wir können ins Lee's rübergehen, eine heiße Schokolade trinken und gemütlich reden, warum nicht?«

Wir tasteten uns durch den Hausmeisterraum, mit Asche und Zigarettenstummeln in der Hand. In der Kammer blieben wir stehen und lauschten, um sicherzugehen, dass niemand in der Toilette war. Wir traten ans Licht und warfen die Asche ins Klo. Wir mussten quer über die Tanzfläche zur Garderobe, die sich neben der Ausgangstür befand.

Ein Tanz fing gerade an. »Wir gehen am Rand entlang«, sagte Mary. »Niemand wird uns bemerken.«

Ich folgte ihr. Ich sah niemanden an. Ich hielt nicht nach Lonnie Ausschau. Lonnie würde wahrscheinlich nicht mehr meine Freundin sein, jedenfalls nicht so wie vorher. Sie war nach Jungs verrückt, wie Mary sagen würde.

Ich merkte, dass ich nicht mehr solche Angst hatte, seit ich entschlossen war, den Ball zu verlassen. Ich wartete nicht mehr darauf, dass jemand mich aufforderte. Ich hatte meine eigenen Pläne. Ich brauchte nicht zu lächeln oder den Daumen zu drücken. Ich war auf dem Weg, um eine heiße Schokolade zu trinken, mit meiner Freundin.

Ein Junge sagte etwas zu mir. Er stand mir im Weg. Ich dachte, er weise mich daraufhin, dass ich etwas fallen gelassen hatte oder hier nicht entlangkonnte oder dass die Garderobe abgeschlossen war. Ich verstand nicht, dass er mich zum Tanzen aufforderte, bis er es wiederholte. Es war Raymond Bolting aus meiner Klasse, mit dem ich noch nie ein Wort gewechselt hatte. Er dachte, meine Antwort sei ja. Er legte mir die Hand um die Taille, und fast ohne Absicht begann ich zu tanzen.

Wir bewegten uns auf die Mitte zu. Ich tanzte. Meine Beine hatten vergessen zu zittern, und meine Hände hatten vergessen zu schwitzen. Ich tanzte mit einem Jungen, der mich aufgefordert hatte. Niemand hatte es ihm befohlen, er musste mich nicht auffordern, er hatte es einfach getan. War das möglich, konnte ich das glauben, hatte ich am Ende doch nichts an mir?

Ich dachte, ich müsste ihm sagen, dass es nicht stimmte, dass ich eigentlich gerade gehen wollte, um mit meiner Freundin eine heiße Schokolade zu trinken. Aber ich sagte nichts. Mein Gesicht nahm gewisse kleine Korrekturen vor und erreichte mühelos den ernsten, geistesabwesenden Ausdruck derer, die erwählt worden waren, derer, die tanzten. Das war das Gesicht, das Mary Fortune sah, als sie aus der Garderobentür herausschaute, mit dem Schal schon um den Kopf. Ich winkte schwach mit der Hand, die auf der Schulter des Jungen lag, zeigte an, dass ich mich entschuldigte, dass ich nicht wusste, was geschehen war, und auch, dass es keinen Zweck hatte, auf mich zu warten. Dann wandte ich den Kopf ab, und als ich mich wieder umschaute, war sie fort.

Raymond Bolting brachte mich nach Hause, und Harold Simons brachte Lonnie nach Hause. Wir gingen alle zusammen bis zu Lonnies Ecke. Die Jungen ereiferten sich über ein Hockeyspiel, ein Streit, dem Lonnie und ich nicht folgen konnten. Dann teilten wir uns in Paare auf, und Raymond setzte mit mir das Gespräch fort, das er mit Harold geführt hatte. Er schien nicht zu bemerken, dass er stattdessen jetzt mit mir redete. Ein oder zwei Mal sagte ich: »Also ich weiß nicht, ich hab das Spiel nicht gesehen«, aber nach einer Weile beschloss ich, nur noch »Hm-hm« von mir zu geben, und das schien alles zu sein, was erforderlich war.

Außerdem sagte er: »Mir war gar nicht klar, wie weit draußen du wohnst.« Und zog die Nase hoch. Die Kälte brachte auch meine Nase ein wenig zum Laufen, und ich wühlte mich durch die Bonbonpapiere in meiner Manteltasche, bis ich auf ein angeschmuddeltes Kleenex stieß. Ich wusste nicht, ob ich es ihm anbieten durfte oder nicht, aber er schniefte so laut, dass ich schließlich sagte: »Ich hab nur das eine Kleenex, es ist wahrscheinlich nicht mal sauber, wahrscheinlich sind Tintenflecke drin. Aber wenn ich es in zwei Hälften zerreiße, haben wir jeder etwas.«

»Danke«, sagte er. »Ich kann's gebrauchen.«

Gut, dass ich das getan habe, dachte ich, denn an der Gartentür, als ich sagte: »Na dann gute Nacht«, und nachdem er gesagt hatte: »Äh, ja, gute Nacht«, beugte er sich vor und küsste mich kurz auf den Mundwinkel mit der Miene jemandes, der stets erkennt, was er zu tun hat. Dann kehrte er in die Stadt um, ohne zu wissen, dass er mein Retter war, mich aus dem Reich von Mary Fortune in die normale Welt zurückgeholt hatte.

Ich ging ums Haus herum zur Hintertür und dachte,

ich bin auf einem Ball gewesen, ein Junge hat mich nach Hause gebracht und hat mich geküsst. Es ist alles wahr. Mein Leben ist möglich. Ich ging am Küchenfenster vorbei und sah meine Mutter. Sie saß, die Füße auf der offenen Ofentür, und trank Tee aus einer Tasse ohne Untertasse. Sie saß einfach da und wartete darauf, dass ich nach Hause kam und ihr alles erzählte, was vorgefallen war. Und das wollte ich nicht, auf keinen Fall. Aber als ich die wartende Küche sah und meine Mutter in ihrem ausgeblichenen, fusseligen Paisley-Morgenrock, mit ihrem müden, aber hartnäckig erwartungsvollen Gesicht, da verstand ich, welch eine geheimnisvolle und bedrückende Pflicht ich hatte, glücklich zu sein, und dass ich bei dem Versuch, diese Pflicht zu erfüllen, beinahe gescheitert wäre und wahrscheinlich jedes Mal scheitern würde, ohne dass meine Mutter es ahnte.

MAJA PETER

Nochmal tanzen

Sie sieht Alexander schon von weitem vor dem Kino stehen. Er schaut über den kleinen Platz Richtung Straße. Alice nähert sich von der anderen Seite. Als Alexander sie bemerkt, lächelt er.

»Ich war ewig nicht mehr im Kino«, sagt sie zur Begrüßung. Die Aufregung drückt ihr auf den Hals.

»Jetzt hat die Ewigkeit ein Ende.« Er küsst sie auf die Wange. »Schön, dich zu sehen.«

Er hat Logenplätze auf dem Balkon besorgt. Alice saß vor fünfzig Jahren zum ersten Mal in einer Loge. Ein älterer Junge aus der Nachbarschaft hatte sie eingeladen. Schon bei den ersten Einstellungen des Filmes stellte sich heraus, dass es sich um einen Erotikfilm handelte. Sie fühlte sich von den Bildern bedrängt und fürchtete, der Nachbar würde anfangen, sie zu betatschen. In der Pause mokierte sie sich über den Hauptdarsteller und die Geschichte. Es nützte. Der Junge ließ sie in Ruhe und brachte sie nach dem Kino sofort nach Hause. Sie wischt die Erinnerung weg. Diese alten Geschichten. Sie haben nichts mit Alexander zu tun. Seine Nähe ist ihr angenehm.

Im Saal wird es dunkel. Finger schnippen. Nach einer Weile sagt eine Männerstimme etwas auf Englisch, und ein Ballettsaal scheint auf. Darin studiert ein achtzigjähriger

235

Choreograf mit jungen Tänzern Ravels Bolero ein. Früher tanzte er die Hauptrolle, nun soll eine junge Frau sie übernehmen. Mit dem Rücken zum Spiegel diktiert er ihr die Schritte. Sie bringt Arme und Beine in Position und wiederholt die Abläufe ein paar Mal glanzlos, um sie sich zu merken. Alice blickt aus den Augenwinkeln zu Alexander. Er hält die Hände gefaltet, die Augen sind auf die Leinwand gerichtet. Der Choreograf steht von seinem Stuhl auf, stellt sich vor die Tänzerin und gibt seinem Assistenten ein Zeichen. Das Schlagzeug setzt ein, die Oboe, die Tänzerin streicht sich mit den Händen über den Körper. Der Choreograf schnippt und beginnt mit der Tänzerin von einem Fuß auf den anderen zu wippen. Eine Klarinette spielt das Hauptmotiv, sie biegen sich vor und zurück. Der Choreograf atmet heftig, als ihn eine alte Einspielung überblendet. Er als junger Mann mit nacktem Oberkörper und unbeweglichem Blick. Seine Hose ist so tief geschnitten, dass die Adern der Lendenmuskulatur zu sehen sind. Er schmiegt sich an die Klänge wie an einen Geliebten. Schnitt und der alte Körper übernimmt wieder. Stimme und Arme geben der Tänzerin die Richtung an, die Füße des Choreografen bewegen sich fast nicht mehr. Schließlich setzt er sich schwer atmend und wendet seine ganze Aufmerksamkeit der Tänzerin zu.

Auf sein Kopfnicken hin treten von allen Seiten junge Männer auf die Tanzfläche, wiegen ihre Körper vor und zurück. Die Kamera zoomt die Füße heran, die Schritte wiederholen sich, kreisen um sich selbst, beschleunigen. Alice verliert den Überblick, ihr wird fast schwindlig. Die Dynamik der Gruppe, die Intimität der Nahaufnahmen, das Schnaufen und Stampfen und die vollkommene Konzentration der Tänzer wühlen sie auf. Diese Intensität, diese Hingabe. Wie kann sie geglaubt haben, dass sie das Tanzen nicht vermisst. Sie verliert die Fassung. Wenn Alexander nur keine falsche Bemerkung macht.

Ein Interview der jungen Tänzerin mit dem Choreografen besänftigt ihren Aufruhr. Wie sich der Bolero im Vergleich zu früher anfühle, will die Tänzerin von ihrem Lehrer wissen. »Den perfekten Moment, in dem alles leicht wird, erlebe ich nicht mehr. Ich kann meinen Körper nicht mehr bis zu diesem Punkt fordern.«

»Wie traurig.«

»Ja.« Der Choreograf lächelt sie an. »Wenn ich sehe, dass ihr weitermacht, kann ich es leichter akzeptieren. Durch euch lebt mein Werk weiter.« Alexander sieht zu Alice herüber.

Beim Hinausgehen fragt er: »Und, wann tanzt du das nächste Mal?«

Alice sagt über die Schulter: »Sobald mich jemand dazu auffordert.«

»Ich bin aus der Übung. Du wärest enttäuscht.«

»Ach was. Ich tanze auch nicht mehr wie früher.«

Alexander tritt hinter ihr ins Freie. »Ravels Bolero ist so packend, dass ich mich frage, ob man dazu etwas choreografieren kann, das einen nicht mitreißt.«

Wie selbstverständlich gehen sie nebeneinander durch die Altstadt. Vor dem Tearoom Hofgarten fragt Alice: »Darf ich dich einladen?«

»Ausnahmsweise.«

Sie setzen sich an den gleichen Tisch wie beim ersten

Treffen. Diesmal Alice am Fenster, Alexander ihr gegenüber. »Auch ein Stück Himbeerrahmtorte?«, fragt er. »Sie schmeckt vorzüglich.«

Alice lehnt ab und bestellt einen Milchkaffee. »Ich bewundere den Mut des Choreografen«, sagt sie.

»Mut?«

»Alle können sehen, dass er gebrechlich ist. Er stellt sich aus.«

»Tun das Tänzer nicht immer?«

Der Kellner serviert den Kaffee und stellt das Stück Torte vor Alexander.

»Nein. Sie führen uns vollkommene Körperbeherrschung vor, Schönheit und Vitalität.«

Alexander sticht in den Kuchen. »Als der Choreograf jung war, stand er zu seiner Vorstellung von Tanz, heute steht er darüber hinaus zu seinem Alter. Ich denke nicht, dass das schwieriger ist.«

»Ich schon«, sagt Alice entschieden. »Für einen schönen Körper wird man bewundert, für einen gebrechlichen bemitleidet.«

»Mitleid kann man ignorieren.«

Immer will Alexander das letzte Wort haben. Alice sieht ihm in die Augen und sagt: »Kritik kann man auch ignorieren.«

Er schaut sie neugierig an. »Wofür wurdest du kritisiert?«

»Als ich anfing, Turniere zu tanzen, sagten die Leute: ›Die meint, sie sei etwas Besonderes.‹«

»Von mir sagten sie, ich sei stur.«

Alice lacht. »Darauf wäre ich nicht gekommen.«

»Ich gelobe Besserung.«

»Du hast so viel erreicht.«

»Wie man es nimmt. Auftraggeber ertragen es schlecht, wenn der Architekt seine Vorstellung von Qualität über ihre Wünsche stellt. Das hat mich Aufträge gekostet. Überdies habe ich mit meiner Kompromisslosigkeit die Frauen vertrieben. Auch die, die ich geliebt habe.«

»Warst du verheiratet?« Endlich kann sie danach fragen.

Er wischt sich mit der Serviette über den Mund und schüttelt den Kopf. »Verlobt.« Bevor sie weiterfragen kann, fragt er: »Und du?«

»Verheiratet. Ich dachte, den Mann fürs Leben gefunden zu haben.«

»Und dann?«

»Stieß ich auf das Leben, das ich führen wollte, und ließ mich scheiden.«

Der Kellner nähert sich dem Tisch, beäugt die Kaffeetassen. Als er außer Hörweite ist, sagt Alexander leise: »Ich war zu beschäftigt zum Heiraten.« Sein Gesichtsausdruck hält Alice davon ab, nachzufragen. Plötzlich hebt er das Kinn, sagt spitzbübisch: »Aber mit 77 Jahren steigt die Chance, dass ich es schaffe, ›bis dass der Tod mich scheidet‹ zu lieben.«

Sie lacht. »Heiraten? Zusammenziehen? Stell dir vor, jemand würde mit seinen Möbeln vor der Tür stehen und sie zwischen deine stellen wollen.«

Alexander stimmt in ihr Gelächter ein.

TINO HANEKAMP

Sie tanzt, sie tanzt

Sie tanzt. Sie tanzt in den Trümmern mit geschlossenen Augen, umgeben von Penissen mit Typen dran, die darauf warten, ihren Blick zu erhaschen.

Ich kann sie gut verstehen, aber hasse sie alle. Sie tanzt, als sei sie allein hier im Raum, als wisse sie nichts von der Wirkung ihres Körpers. Sie war schon immer schöner als alle anderen schönen Mädchen, weil sie sich ihrer Schönheit nicht bewusst ist. Das ist ja die wahre Schönheit. Die selbstvergessene Schönheit, die Schönheit, die sich selbst nicht sieht. Ich muss einen klaren Kopf kriegen. Ich muss die Kleine klarmachen. Ich weiß nicht, wie das geht. Alle Mädchen wollen dasselbe. Sie wollen einen Eroberer, den sie erobern können. Sie wollen Aufrichtigkeit, Witz, Blumen, Liebe und den Unzähmbaren, der ihnen zu Füßen liegt. Es ist alles ein Spiel, aber ich sehe Mathilda und vergesse die Regeln. Dabei will ich sie gar nicht. Echt nicht.

Nina steht allein hinterm DJ-Pult, beugt sich über den Plattenspieler, mir schießen Tränen in die Augen, ich wende mich ab. Der Backstage und das ehemalige Studio sind jetzt ein großer Raum, hätten wir auch selber drauf kommen können. Da hinten sind Erbse und Teresa, sie küssen sich. Der Spilker, Rick und Carsten Meyer sind in eine Diskussion vertieft, sieht dramatisch aus, schätze mal, es geht um Musik, Kunst oder Politik. Immer geht es um Musik, Kunst oder Politik. Lass uns doch mal über andere Dinge reden, zum Beispiel über Vögel oder Fische, aber auf keinen Fall über die Liebe. Rocky hat recht. Man muss sein Leben ändern, immer wieder. Wir müssen zehn, zwanzig, dreißig Leben leben, weil wir nur eines haben. Ich könnte mit Philipp reden, der da hinten in der Eckte steht. Er ist Imker und weiß alles über Bienen und Blüten. Aber was gehen mich die Bienen an? Da ist Sebastian, der sein Kunststudium aufgegeben hat, um Erzieher zu werden. Er trägt einen schwarzen Ganzkörperanzug, auf den ein Skelett gemalt ist. Simone hat gerade ihr erstes Buch veröffentlicht, seitdem wirkt sie irgendwie apathisch. Olli, der Frisör, streicht Moni die Haare aus dem Gesicht, vielleicht trennen sie sich gerade wieder oder feiern Versöhnung. Erbse und Teresa stolpern in die einzige noch nicht zusammengebrochene Bumsbude. Der Schnorrer redet auf einen bekannten Schauspieler ein, dessen Namen ich vergessen habe; der Schauspieler blickt Hilfe suchend um sich. Clara torkelt vorbei, unsere Blicke treffen sich. Sie wendet sich demonstrativ ab, schnappt sich den Schauspieler und steckt ihm die Zunge in den Hals. Nichts zu danken. Leo! Da ist Leo. Er steht vor dem Loch an der Wand zum Büro. Ich geselle mich zu ihm, er beobachtet Hansen, der einen Hammer in der Hand hält.

»Ach, komm schon«, sagt Hansen, »nur ein ganz kleines Löchlein.«

»Nein«, sagt Leo.

»Das ist *mein* Bauwerk, Bulle.«

»Nein.«

Hansen lässt den Hammer gegen die Wand fallen. Leo geht auf ihn zu.

»Oskar«, ruft Hans, »pfeif deinen Russen zurück!«

»Warum gehen wir nicht einfach was trinken«, schlage ich vor.

Der Vorschlag wird angenommen. Wir gehen zur Bar. Noch nie hatten wir so viele Gäste wie heute. Noch nie haben unsere Gäste derart motiviert dem Alkohol zugesprochen. Die gastronomische Versorgung müsste längst schon zum Erliegen gekommen sein, trotzdem serviert uns Kerstin drei Bier und eine halb volle Flasche Wodka, und das ist ganz allein Bennys Verdienst, dem unser erster Trinkspruch gilt. Auf den besten Sohn des afrikanischen Kontinents! Leider handelt es sich bei dem Bier um die Obdachlosennahrung ›Oettinger Urtyp‹, der Wodka ist eine Beleidigung namens ›Gorbatschow‹, aber das spielt keine Rolle. Wir trinken den Fusel aus Wassergläsern. Niemand will nach Hause gehen, jeder Zweite hier denkt, er sei auf MDMA. Die Leute tanzen zu einer wilden Polka. Rodion klammert sich am DJ-Pult fest. Jemand hat mit Lippenstift ›Kiezkalle‹ auf sein weißes Hemd geschrieben und ein Herz drum herum gemalt.

»Siehst du«, sagt Leo, »alles gut.«

Ich nicke. Hansen hämmert auf den äußeren Rand der Tresenplatte. Wir trinken auf die hochwertige Verarbeitung seiner Konstruktion.

Er schlägt mit voller Wucht, die Spanplatte splittert und bricht. Wir trinken auf seine übermenschlichen Kräfte.

»War's schlimm an der Tür?«, frage ich Leo.

Er zuckt mit den Schultern. »Was ist mit Nina?«

»Was soll mit ihr sein?«

Ob er ahnt, was los ist? Dass sie einen Golfball im Hirn hat, der ihr in drei bis vier Monaten die Luft …

»Ihr Fuß«, sagt Leo.

»Habt ihr geredet?«

Er schüttelt den Kopf. »Redet nicht mehr mit mir.«

»Nicht so schlimm«, sage ich. »Also der Fuß jetzt.«

Nichts weiß er. Es ist zum Verrücktwerden. Ich fülle unsere Gläser auf. Hansen überprüft die Stabilität eines Barhockers.

»Du solltest zu ihr gehen«, sage ich.

Leo schweigt.

»Du solltest bei ihr sein.«

»Morgen ist ein neuer Tag«, sagt Leo.

Wir trinken auf den morgigen Tag. Hansen tritt den Hocker um. »Wenn du es heute nicht tust, wirst du es für immer bereuen.« Leo und das Schweigen der Taiga. Oder der kaukasischen Wälder. Wo auch immer er herkommt.

»Ich schwöre dir, du wirst es bereuen!«

»Sie hieß Tatjana«, sagt Leo.

»Tatjana?«

Hansen hämmert ein Loch in den Tresen.

»Was ist mit Tatjana?«

»Autounfall«, sagt Leo. »St. Petersburg.«

Wir trinken auf Tatjana. Leo füllt die Gläser nach. Die Flasche ist leer. Wir trinken noch mal auf Tatjana, und Hansen steht auf und schwankt davon.

»Tausendsiebenhundertneunundsechzig.«

»Was?«

»Tage ohne Tatjana.«

Ich gehe zurück in den Backstage, vermeide Blickkontakte, damit mich niemand anspricht, ich suche Mathilda, finde sie nicht. Die Tanzfläche im schwarzen Raum ist voller denn je, die Überreste der Wand sind beiseitegeschoben, die Leute tanzen bis zum Champagnerbrunnen, ich sehe Pablo, Julia, Niels, Schacke, Clara, Annie, Gereon, Tex, Anselm, Dzidek und viele andere. Ich sehe Nina zwischen den Boxen, ich sehe all die Leute, mit denen ich viel zu wenig Zeit verbracht habe, eigentlich weiß ich nichts über sie, aber wo ist Mathilda? Ich gehe zurück in den Hauptraum, und hier sind noch mehr bekannte Gesichter, all die Leute, mit denen ich heute noch kein Wort gewechselt habe, aber keine Mathilda. Sie ist nicht im ersten Separee, nicht hinterm Mischpult, da liegt die schlafende Paulina, im Fensterseparee sitzen Rockys Manager Torben, die Band, der Journalist und der Produzent Levin, aber natürlich keine Mathilda. Nein, ich weiß nicht, wo Rocky ist. Suche Mathilda. Vielleicht ist sie weg. Vielleicht ist ihr langweilig geworden, vielleicht hat sie nicht länger warten wollen, ist ans Meer gefahren, ohne Tschüs zu sagen. Simone malt Wörter auf die beschlagene Fensterscheibe: Nur wenn, was ist, sich ändern lässt, ist das, was ist, nicht alles.

Aha, verstehe. Aber komisch, wie die Wörter aufleuchten. Andererseits ganz logisch, denn unten vorm Haus ist ein Lichtalarm, ein Meer an wild flackernden Rundumleuchten, die ganze Straße leuchtet wie ein Rummelplatz. Da sind Feuerwehrwagen, Polizeiautos, Krankenwagen und … Oh verdammt! Sie holen die Senatorin raus! Weg da, weg, lasst mich durch! Ich renne die Treppe runter, nehme drei Stufen auf einmal, vierter Stock, dritter, zweiter –

Mathilda.

Sie kommt die Treppe herauf. Wir sehen einander an. Gehen aufeinander zu. Ganz langsam. Sie ist hier. Plötzlich küssen wir uns. Für einen unendlichen Moment. Wenn man im Atmen innehält. Küssen wir uns. Ihr Blick. Was war das? Haben wir uns gerade …? Renne weiter, runter, vier Stufen auf einmal, so schnell ich kann, mit brennenden Lippen. Knalle voll gegen einen Polizisten. Alles voller Uniformen hier.

MOBY

Porcelain

Wir rasten zum Flughafen, und ich erwischte meinen Flug gerade so. Auf meinem Platz kuschelte ich mich ans Fenster. Ich war wie eine Ratte, die sich ihr Nest mit einem Kissen, zwei Decken, Ohrenstöpseln und Schlafmaske macht – fehlten nur noch Schnipsel aus Zeitungspapier und ein Laufrad. Der Reisegott hatte den Platz neben mir freigelassen und einen schlafenden Dicken in den Platz am Gang gesetzt. Bald würden wir über dem Atlantik fliegen und ich würde fest schlafen. Mein ganzer Körper schmerzte vor Erschöpfung. Sogar meine Haare taten weh. Ich wollte einfach nur noch schlafen.

Ich setzte meine Maske auf, als über Bordlautsprecher eine Stimme knisterte: »Ladies and Gentlemen, welcome on board …« Das würde auch bald zu Ende sein, und dann konnte ich schlafen. Fünf Minuten später endete die Durchsage mit »Thank you for flying Sabana. Have a pleasant flight.« Ich schloss die Augen, als mich eine Durchsage auf Deutsch hochschreckte: »*Sehr geehrte Damen und Herren …*« Es folgten Durchsagen in vier weiteren Sprachen, darunter Japanisch.

Nach zwanzig Minuten schienen die Durchsagen endlich vorbei zu sein und ich lugte unter meiner Maske hervor. War es das jetzt? War noch jemand aus dem Hindukusch an

Bord, der auf Paschtu hören wollte, wie er seinen Gurt anlegen sollte? Ich verstand jetzt, weshalb Gott sich die babylonische Sprachverwirrung als Strafe erdacht hatte. Ehe er seine Blitze schleuderte, hatte er vermutlich verzweifelt gerufen: »Haltet doch endlich mal die Klappe! Bitte! Ich kann's nicht mehr hören!«

Der Dicke am Gang schnarchte. Japanische Touristen lasen Bücher von hinten nach vorn. Ich lehnte mich ans Fenster. Ich saß auf einem billigen, klumpigen Sitz, der nach europäischen Zigaretten stank, aber irgendwann schlief ich ein.

Sechs Stunden später senkte sich das Flugzeug auf Washington herab, begleitet von der obligatorischen Begrüßungsbotschaft in sechs Sprachen. Ich ärgerte mich nicht mehr über das vielsprachige Geschnatter, ich freute mich nur auf meine Freundin und darauf, bei einem Rave auf einer Wiese euphorische Musik zu spielen. Ich war ein anständiger Christ aus Connecticut, aber in der Rave-Szene war ich als enthemmter und glücklicher Mensch wiedergeboren worden. Als Kind hatte ich gelernt, dass in der amerikanischen Kultur nur ganz bestimmte Emotionen geduldet wurden; Freude gehörte nicht dazu. Die wurde nur akzeptiert, wenn Football, Alkohol oder Geld mit im Spiel waren.

Und nun war ich Teil einer Szene, die sich nicht für ihre Freude schämte. Das spiegelte sich auch in den Titeln der Songs wider: »Everybody's Free«, »Feel So Real«, »Strings of Life«. Viele Raver halfen der Freude mit Drogen nach, doch das ändert nichts an dem ausgelassenen und ungehemmten Lebensgefühl. Nachdem ich jahrzehntelang den Kopf eingezogen und meine Gefühle verborgen hatte, konnte ich plötzlich mit hundert, tausend oder zehntausend Menschen auf einer Tanzfläche die Hände in die Luft werfen und glücklich sein.

Mein Taxi brachte mich in ein Hotel in Georgetown, wo die Sonne durch riesige Fenster ins Atrium schien. Ich ging durch die automatische Tür, und Cara kam mir durch die Halle entgegengelaufen. Wir fielen uns in die Arme, und der Aufzug brachte uns nach oben zu meinem Zimmer. Ich erzählte ihr von meinem 24-Stunden-Trip nach Belgien, und sie erzählte mir, wie sie im Zug Sandwiches gegessen hatte. In meinem Zimmer riss sie die Vorhänge auf. In der Ferne sah ich das Washington-Monument. »Mann!«, rief sie. »Von hier kannst du ja ewig weit sehen!«

Ich schnappte sie, warf sie aufs Bett und küsste sie. Sie lachte. »Willst du nicht duschen?«, fragte sie. »Du stinkst ja nach Flieger!«

»Gut, ich dusche mich«, sagte ich. »Aber komm ja nicht mit rein!«

»Ich schwör's«, sagte sie mit ernster Miene. Ich zog mich aus und stieg in die Dusche. Fünf Sekunden später hörte ich die Badezimmertür.

»Hallo?«, sagte ich. »Wenn du Cara bist, dann habe ich dir doch gesagt, dass du nicht reinkommen sollst!«

»Ich bin's, Cara«, erwiderte sie. »Sicher, dass ich nicht reindarf?«

»So war's ausgemacht«, sagte ich.

»Bestimmt?«

»Also gut, aber nur dieses eine Mal«, sagte ich, als sie den Duschvorhang zurückzog.

Um neun Uhr abends gingen wir aus dem Hotel und fuhren zum Rave, der eine Stunde außerhalb von Washington stattfand. Als wir hinter der Bühne aus dem Wagen ausstiegen, spielte der DJ »Everybody's Free« von Rozalla. Es war ein lauer Abend auf einer riesigen Wiese voller Raver, die in ihre Trillerpfeifen bliesen und ihre Hände durch die Luft schwenkten. Cara und ich gingen auf die Bühne und schauten hinunter auf die Masse der Raver mit Glowsticks. »Ich will tanzen!«, rief sie und zog mich an der Hand hinter sich her wie eine Siebenjährige.

Ich lachte. »Geh tanzen, wir sehen uns später!«

Sie verschwand in der Menge. Ich ging auf einen kleinen Hang hinter dem Rave, setzte mich ins Gras und versuchte, Cara in einem Meer von zehntausend ausgelassenen Ravern zu entdecken. In der Ferne sah ich sie, wie sie mit einigen Kids mit Rucksäcken tanzte. Der DJ spielte einen Track, den ich noch nie gehört hatte, voller Breakbeats und Pianos. Ich legte mich ins Gras, schloss die Augen und spürte das Gewicht der Musik und der Sommernacht auf mir.

Ich öffnete die Augen und blickte in den Himmel. Durch den schimmernden Dunst hindurch konnte ich vier oder fünf Sterne sehen. *Zwischen hier und da ist nichts als Leere,* dachte ich. *Aber wir schwirren hier durchs Gras wie fröhliche Glühwürmchen.* Der DJ legte Prodigy auf, und die Menge jubelte.

Uff. Ich öffnete die Augen. Cara war auf mich gesprungen und saß auf meiner Brust. »Hab ich dich gefunden!«, rief sie. »Dein Manager sagt, du bist in einer halben Stunde dran!«

Wir standen auf. »Fühlt sich die Luft nicht schwer an?«, fragte ich.

»Nein, sie fühlt sich an wie Luft!«, rief Cara.

Ich sah auf das Strobo-Licht, das über die Bühne flimmerte. Diese kleinen Infernos brannten für den Bruchteil einer Sekunde und füllten die schwere Luft mit Licht. Goethes letzte Worte waren »mehr Licht« – vielleicht war er ja ein früher Raver.

Cara und ich standen am Bühnenrand, als Scott Henry seine letzte Platte auflegte. Der Rave stand unter dem Motto »Zukunft«, und der Veranstalter Michael stieg auf die Bühne, nahm das Mikro und rief: »Hallo, Zukunft!« Die Zukunft schrie zurück. »Willkommen zum Sommer der Liebe!« Die Masse flippte aus, Trillerpfeifen und Tröten schallten. »Er war gerade noch in Belgien! Und jetzt ist er hier, aus New York City, Moby!«

Zu den ersten Takten von »Ah Ah« lief ich auf die Bühne, schnappte das Mikro und schrie. Ich schrie, was meine Lungen hergaben, um in Kontakt mit den Ravern zu treten und mit den kleinen Lichtpunkten, die Abermilliarden Kilometer entfernt am Himmel standen. Klang breitet sich nicht durch den Weltraum aus, er braucht Atmosphäre, in der Leere erstickt er. Aber wir können so tun als ob. So füllen wir die Leere mit unserem Leben. Mit breiten belgischen Flüssen und Hymnen und Lust und Sex unter Hotelduschen.

Ich spürte, wie die Liebe des Publikums über mich hinwegspülte. Als ich »Next Is the E« spielte, jubelten zehntausend Raver mit einer Stimme und explodierten vor Freude.

»I feel it!«, rief ich.

»I feel it!«, erwiderten sie.

Alles – die Geschichte, unser Erbe, Gott, die Luft – drückte uns mit seinem Gewicht zu Boden. Also sangen und tanzten wir auf Wiesen, auf Booten und in Kellergewölben. Ich sah hinüber zum Bühnenrand und zu Cara. Sie tanzte und strahlte.

»I feel it!«, rief ich den zehntausend Ravern unter dem Nachthimmel zu.

»I feel it!«, antworteten sie.

Nachweis

Der Verlag dankt folgenden Rechteinhaber:innen für die Genehmigung zum Abdruck:

Austen, Jane (1775, Steventon – 1819 Winchester)
Mister Crawford (Titel von der Herausgeberin). Auszug aus: dies., *Mansfield Park*. Copyright der deutschsprachigen Ausgabe © 2017, S. Fischer Verlag GmbH, Frankfurt am Main. Aus dem Englischen von Manfred Allié und Gabriele Kempf-Allié.

Barry, Sebastian (*1955, Dublin)
Tage ohne Ende. Auszug aus dem gleichnamigen Roman, S. 13–21. Copyright © Steidl Verlag, Göttingen 2018. Aus dem Englischen von Hans-Christian Oeser.

Boyle, T. Coraghessan (*1948, Peekskill, New York)
Mein Abend mit Jane Austen. Aus der gleichnamigen Ausgabe, erschienen beim Maro Verlag, Augsburg, 1997. Copyright © 1977 by T. Coraghessan Boyle. Erstmals erschienen 1977 in The Georgia Review. Copyright der deutschsprachigen Übersetzung © 1997 Werner Richter. Aus dem Amerikanischen von Werner Richter.

Burgess, Melvin (*1954, Twickenham)
Billy Elliot. Auszug aus dem gleichnamigen Roman. Copyright © Carlsen Verlag GmbH, Hamburg 2013. Aus dem Englischen von Heike Brandt.

Chandler, Raymond (1888, Chicago – 1958, San Diego)
Playback. Auszug aus dem gleichnamigen Roman. Copyright © 1958 Raymond Chandler Ltd. Copyright der deutschsprachigen Ausgabe © 2022, Diogenes Verlag AG Zürich. Aus dem Amerikanischen von Ulrich Blumenbach.

Fitzgerald, Zelda (1900, Montgomery, Alabama – 1948, Asheville, North Carolina)
Ballettkarriere (Titel von der Herausgeberin). Auszug aus: dies., *Ein Walzer für mich.* Copyright der deutschsprachigen Ausgabe © 2013, Diogenes Verlag AG Zürich. Aus dem Amerikanischen von pociao.

Flaubert, Gustave (1921, Rouen – 1880, Canteleu)
Ihr Tänzer (Titel von der Herausgeberin). Auszug aus: ders., *Madame Bovary.* Copyright der deutschsprachigen Ausgabe © 1979, Diogenes Verlag AG Zürich. Aus dem Französischen von René Schickele und Irene Riesen.

Hanekamp, Tino (*1979, Sangerhausen)
Sie tanzt, sie tanzt. Aus: ders., *So was von da.* Copyright © 2011, Verlag Kiepenheuer & Witsch GmbH & Co. KG, Köln.

Harris, Eve (*1973, London)
Die Hochzeit der Chani Kaufman. Auszug aus dem gleichnamigen Roman. Copyright © 2013 by Eve Harris. Copyright der deutschsprachigen Ausgabe © 2015, Diogenes Verlag AG Zürich. Aus dem Englischen von Kathrin Bielfeldt.

Herwig, Ulrike (*1968, Jena)
Langsam tanzen, 1985. Erstmals erschienen in: Karoline Adler (Hrsg.), *Gute-Laune-Geschichten.* dtv Verlagsgesellschaft mbH & Co. KG, München, 2016. Copyright © 2016 Ulrike Rylance.

Kambalu, Samson (*1975, Malawi)
Jive Talker. Auszug aus dem gleichnamigen Roman. Copy-

right © 2011 by Unionsverlag Zürich. Aus dem Englischen von Marlies Ruß.

Mankell, Henning (*1948, Stockholm – 2015, Göteborg, Schweden)

Die Rückkehr des Tanzlehrers. Auszug aus dem gleichnamigen Roman. Copyright © 2002 Paul Zsolnay Verlag GmbH, Wien. Aus dem Schwedischen von Wolfgang Butt.

Mansfield, Katherine (1888, Wellington – 1923, Fontainebleu)

Ihr erster Ball. Aus: dies., *Sämtliche Erzählungen in zwei Bänden.* Band 1. Diogenes Verlag, Zürich, 2012. Copyright der deutschsprachigen Übersetzung © 1980 Büchergilde Gutenberg, Frankfurt am Main. Aus dem Englischen von Elisabeth Schnack.

Moby (*1965, New York)

Porcelain. Auszug aus der gleichnamigen Ausgabe. Copyright © 2016 Piper Verlag GmbH, München. Aus dem Amerikanischen von Jürgen Neubauer.

Munro, Alice (* 1931, Wingham, Ontario)

Rotes Kleid – 1946. Aus: dies., *Tanz der seligen Geister. Fünfzehn Erzählungen.* Copyright © 2010 Dörlemann Verlag AG, Zürich. Aus dem kanadischen Englisch von Heidi Zerning.

Nicholls, David (*1966, Eastleigh)

Sweet Sorrow. Auszug aus dem gleichnamigen Roman. Copyright © 2019 Ullstein Buchverlage GmbH, Berlin. Aus dem Englischen von Simone Jakob.

Das Zitat auf S. 140 stammt aus *The Greatest Love of All* von Michael Masser, Linda Creed schrieb die Lyrics. Der Song erschien erstmals 1977 in der Version von George Benson als Single bei Arista Records. Die Version von Whitney Houston erschien 1985 unter dem Titel *Greatest Love of All* auf dem Album *Whitney Houston* bei Arista Records.

Parker, Dorothy (1893, Long Beach, New Jersey – 1976, New York)
Der Walzer. Aus: dies., *New Yorker Geschichten.* Copyright
© 2003 / 2016 by Kein & Aber AG Zürich – Berlin. Aus dem
Amerikanischen von Ursula-Maria Mössner.

Parsons, Tony (*1953, Romford)
Als wir unsterblich waren. Auszug aus dem gleichnamigen
Roman. Copyright © STORIES WE COULD TELL by Tony Par-
sons, 2005. Abdruck mit freundlicher Genehmigung von Cur-
tis Brown Group Ltd., London, und Anoukh Foerg Literary
Agency, München. Copyright der deutschsprachigen Über-
setzung © 2006 by Christian Seidl. Aus dem Englischen von
Christian Seidl.

Das Zitat auf S. 29 stammt aus *If I can't have you* von den Bee
Gees, geschrieben von Barry Alan Gibb, Maurice Ernest Gibb,
Robin Hugh Gibb. Der Song erschienen erstmals 1977 in der
Version von Yvonne Elliman auf dem Album *Saturday Night
Fever* bei RSO, Universal Music.

Peter, Maja (*1969, Zürich)
Nochmal tanzen. Auszug aus dem gleichnamigen Roman.
Copyright © 2013 by Limmat Verlag, Zürich.

Schmidt, Joachim B. (*1981, Thusis)
Das Yoko-Ono-Lächeln. Originalbeitrag für diese Anthologie.
Copyright © 2022 by Joachim B. Schmidt.

Das Zitat auf S. 19 stammt aus *With Every Heartbeat* von Robyn und Kleerup, die auch die Lyrics schrieben. Erschienen
2005 auf dem Album *Robyn* bei Konichiwa Records und 2008
auf dem Album *Kleerup* bei Virgin Records.

Das Zitat auf S. 23 stammt aus *Woman* von John Lennon,
der auch die Lyrics schrieb. Erschienen 1980 auf dem Album
Double Fantasy bei Geffen Records, EMI.

Smith, Zadie (*1975, London)
Der Kankurang (Titel von der Herausgeberin). Auszug aus:

dies., *Swing Time*. Copyright © 2017, Verlag Kiepenheuer & Witsch GmbH & Co. KG, Köln. Aus dem Englischen von Tanja Handels.

Stothard, Anna (*1983, London)

Fußball statt Ballett (Titel von der Herausgeberin). Auszug aus: dies., *Isabel & Rocco*. Copyright © 2003 by Anna Stothard. Copyright der deutschsprachigen Ausgabe © 2014, Diogenes Verlag AG Zürich. Aus dem Englischen von Jenny Merling.

Tolstoi, Lew (1928, bei Tula – 1910 Astapowo)

Das Samtband (Titel von der Herausgeberin). Auszug aus: ders., *Anna Karenina*. Copyright der deutschsprachigen Ausgabe © 2009 Carl Hanser Verlag GmbH & Co. KG, München. Aus dem Russischen von Rosemarie Tietze.